跨国经营管理人才培训教材系列丛书

中外企业跨国经营风险管理比较

商务部跨国经营管理人才培训教材编写组　编

本书执笔　周　密　涂　舒　唐海华

中国商务出版社
CHINA COMMERCE AND TRADE PRESS

图书在版编目（CIP）数据

中外企业跨国经营风险管理比较／商务部跨国经营管理
人才培训教材编写组编. —北京：中国商务出版社，2018.8
（跨国经营管理人才培训教材系列丛书）
ISBN 978-7-5103-2564-9

Ⅰ.①中…　Ⅱ.①商…　Ⅲ.①跨国公司—企业经营管
理—风险管理—对比研究—中国、国外　Ⅳ.F276.7

中国版本图书馆 CIP 数据核字（2018）第 180700 号

跨国经营管理人才培训教材系列丛书

中外企业跨国经营风险管理比较
ZHONGWAI QIYE KUAGUO JINGYING FENGXIAN GUANLI BIJIAO

商务部跨国经营管理人才培训教材编写组　编
本书执笔　周　密　涂　舒　唐海华

出　　　版：中国商务出版社
地　　　址：北京市东城区安定门外大街东后巷 28 号　　邮　　编：100710
责任部门：国际经济与贸易事业部（010-64269744　bjys@ cctpress.com）
责任编辑：张高平

总 发 行：中国商务出版社发行部（010-64208388　64515150）
网购零售：中国商务出版社淘宝店（010-64286917）
直销客服：010-64269744
网　　　址：http://www.cctpress.com
网　　　店：http://shop162373850.taobao.com
邮　　　箱：cctp@ cctpress.com

印　　　刷：北京密兴印刷有限公司
开　　　本：787 毫米×1092 毫米　1/16
印　　　张：13　　　　　　　　　字　　数：221 千字
版　　　次：2018 年 12 月第 1 版　　印　　次：2018 年 12 月第 1 次印刷
书　　　号：ISBN 978-7-5103-2564-9
定　　　价：68.00 元

丛书编委会

名誉主任　钟　山

主任委员　钱克明

委　　员　干胖文　李景龙　邢厚媛　郑　超
　　　　　　张幸福　刘民强　韩　勇

执行主编　邢厚媛

序

党的十九大报告提出，以"一带一路"建设为重点，坚持引进来和走出去并重；创新对外投资方式，促进国际产能合作，形成面向全球的贸易、投融资、生产、服务网络，加快培育国际经济合作和竞争新优势。我们以习近平新时代中国特色社会主义思想为指导，围绕"一带一路"建设，坚持新发展理念，促发展与防风险并重，引导对外投资合作健康有序发展，取得显著成就。截至2017年底，中国在189个国家和地区设立企业近4万家，对外投资存量达1.8万亿美元，居世界第二位，已成为拉动全球对外直接投资增长的重要引擎。

习近平总书记指出，人才是实现民族振兴、赢得国际竞争主动的战略资源。新时期，做好对外投资合作工作，既需要大量熟悉国际市场、法律规则和投资合作业务的企业家和管理人才，又需要"政治强、业务精、作风实"的商务工作者。为贯彻习近平总书记重要指示精神，努力培养跨国经营企业人才，推动对外投资合作高质量发展，商务部委托中国服务外包研究中心对2009年出版的《跨国经营管理人才培训教材系列丛书》进行了增补修订。

本次增补修订后的《跨国经营管理人才培训教材系列丛书》共10本，涵盖领域广，内容丰富，注重政策性、理论性、知识性、实用性相结合，具有很强的可读性和操作性。希望商务主管部门、从事对外投资合作业务的企业家及管理人员利用好此套教材，熟悉跨国经营通行做法，提升合规经营、防范风险的意识，不断提高跨国经营能力和水平，为新时期中国进一步扩大对外开放、推动"一带一路"建设、构建人类命运共同体做出更大贡献。

商务部副部长

2018 年 11 月 23 日

目　录

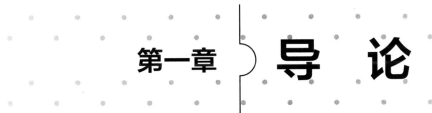

第一章　导　论

一般而言，风险与收益是相伴相生的，风险越大收益可能越大，没有风险就没有收益。风险是永远存在的。海外投资是企业全球化的重要手段，要保证在控制风险的条件下实现收益最大化，需要对各类风险有更为准确的识别和把握。高水平的企业家能够建立起良好的风险识别和防控机制，使得企业在遇到风险的情况下实现可持续发展，不断做大做强。

进入21世纪以来，伴随着经济全球化的迅猛发展，世界各国的公司、企业越来越多地走出国界，投身到跨国经营的潮流中。近年来，中国企业也以朝气蓬勃、勤奋进取的精神面貌加入到这一行列中，并已取得可喜的进步，成绩彪炳。但是，经济全球化和跨国经营赋予了甜蜜的机遇，也带来了艰苦的挑战。在筚路蓝缕走出去、对国际市场和国际资源进行开发利用的过程中，尚不强大的中国企业将会面临许多新的挑战和困难，跨国经营风险就是其中一个日益突出的棘手问题。在走出去开展跨国经营的过程中，如何有效地预防、控制各种复杂的风险，做到趋利避害，是中国跨国经营企业面临的一个重大问题。没有有效的跨国经营风险管理，中国企业在海外的利益就无从得到保护和保障，随时可能付出惨重的代价，使此前的辛苦工作付诸东流。"矛"与"盾"是需要平衡的，有"矛"固然可喜，但无"盾"终究枉然。在风云变幻莫测的跨国环境下，中国企业尤其需要打造一副坚硬的盔甲和盾牌，来确保未来进一步的发展。犹如出海的渔民，只有建造禁得起风浪考验的渔船，才能满载而归。中国的跨国经营企业要牢牢把握、不错过全球化和当前有利国际形势带来的良好机遇，就必须认真地学习跨国经营风险管理这一课，建立可靠的跨国风险管理体系。

第一节　跨国经营风险的理论与历史认识

一、跨国经营风险的含义

跨国经营是一种对外直接经营方式，不是企业经营活动的简单外延，而是企业经营组织和经营要素的跨国拓展和优化，企业的经营系统直接置身于国际市场环境之中。在享受东道国一定程度的国民待遇的同时，企业也要受到更严格的东道国政策和法律的约束，其经营风险会更多更大。不仅要面临自然风险，还要面临价格风险、销售风险、财务风险、外汇风险、人事风险、技术风险等经营风险，更要面对国有化风险、战争风险、政策变动风险、资金移动限制等政治风险，以及制度差异风险、文化差异风险等不确定性更大的风险。

在本书中，跨国经营风险是本土以外构成一个国家商业环境的各种风险要素的综合。跨国经营风险涉及所在国家的政治、社会、法律、宗教、经济、金融、外债等多个层面，表现为战争、恐怖行动、内乱、政变、冲突、人畜疾病流行、地震以及其他自然灾害等；一国对国际商业活动可能采取罚没、收归国有、禁止出入境、废除债务、毁约或强行终止合同等消极的干扰。

各种跨国经营风险是可以相互影响的，如政治与经济之间的关联，会形成连锁风险反应，扩展成为综合性的跨国经营风险。由于国家与国家之间的政治经济联系，跨国经营风险可以通过各种渠道在国家间传染，形成各国所在的地区风险（如拉美金融危机、亚洲金融危机），甚至全球风险。

大体上，跨国经营风险具有如下一些特征：

第一，跨国经营风险存在或产生于跨越国界的经济活动中，是国际投资、国际金融、国际贸易的伴随物，属于国际经济交往的风险。

第二，跨国经营风险大多与国家的主权行为紧密相关，这种主权行为是指一国政府从本国利益需要出发所采取的不受任何外来法律约束的行为。

第三，跨国经营风险是由企业或个人无法抗拒的因素造成的，这些因素与投资者往往没有直接联系，而是受到东道国或国际政治与经济关系的左右。

第四，跨国经营风险主要源于东道国的法律和法令，具有强制执行性，非合同或契约条款所能改变或免除。

第五，跨国经营风险大多属于国际经济活动中的歧视性风险，主要表现为东道国有关法律、法令对某些外国投资者的不利规定或歧视性待遇。海外投资者一旦陷入这种风险之中，常常难以应付，损失惨重。

二、跨国经营风险的普遍性

（一）经营主体的普遍性：西方跨国大公司也经常遇险

对于跨国经营的风险，即使是历史悠久的发达国家的跨国公司，至今也是谈虎色变，丝毫不敢懈怠大意。

以美国的跨国公司为例。第二次世界大战后，美国的跨国公司借助战争机遇获得了大量财富，超越了英、法、德、意等国的跨国公司，成为世界经济的执牛耳者。不过，当美国跨国公司在世界上大举扩张的时候，它们在一些发展中国家不断遇到非经济因素的干扰，陷入意想不到的风险损失中。例如，在古巴、美国的一些跨国公司的财产被没收。在石油危机中，美国所有的公司尤其是海外经营的跨国公司更是遭到全面的打击。因石油涨价造成的成本飙升，许多公司陷入财务危机。后来在拉美地区，美国的跨国公司再一次遇到了东道国政府对其经营的干扰、阻断，甚至驱赶。经历了这一系列的巨大风险，美国的跨国公司如今都将跨国经营风险作为一项专门的研究任务，每年都花大量精力在上面。对这一问题，我们将在第二章中进一步详细论述。其中美国Belco石油公司在秘鲁曾经遭遇的财产被当地政府没收的经历，可以作为美国跨国公司在发展中国家经历跨国经营风险的一个典型案例。

案例1.1展示的是美国跨国公司作为跨国经营的先行者在发展中国家遭遇到的典型的跨国风险。作为世界第一经济强国的美国，其跨国公司在国际化经营中曾饱尝风险。据统计，美国企业的海外投资在1946年至1960年间被没收过12回，在1961年至1971年间被没收过101回，1972年至1973年间被没收过57回。而自1975年以后，能没收的外国财产在许多国家已基本剥夺完。

除了资产可能被东道国国有化以外，对西方跨国公司而言，另一个令它们担惊受怕的风险就是遭受恐怖袭击。跨国公司是恐怖袭击的严重受害者之一，西方各国的跨国公司长期存在被恐怖袭击困扰的问题。例如，由于恐怖分子的活动，1979年意大利最大的私营企业菲亚特汽车公司的产量大幅下降了12%，而生产成本则大幅度上升。在西方各国中，美国跨国公司受恐怖袭击威胁的程度最为突出。前美国大使保罗·布雷默2002年时指出，在过去30年中，针对美国的恐怖袭击中有80%是把目标对准了美国商业。在"9·11"事件后美国面临恐怖袭击危险高企的背景下，美国跨国公司在海外也被殃及，受到恐怖威胁和袭击的风险剧升。所有这一切，都令跨国公司在跨国经营中对跨国经营风险倍加小心。

西方跨国公司不但可能会因非主动控制的国际因素遭遇风险，而且也存在因为自身的操作失误蒙受风险损失的情况。

（二）经营环境的普遍性：发达国家内也有跨国经营风险

跨国经营风险并不只是像美国的跨国公司那样在发展中国家才会遇到的问题；相反，它的普遍性不仅体现在美国这样的发达国家的大跨国公司被跨国风险困扰，而且还体现在即使在发达国家内部，其他国家的企业进入以后也会遇到跨国经营风险。

长期以来，包括中国在内的许多发展中国家都被美国市场的自由安全神话所迷惑，产生了一个不加反思的观点，认为"发达国家的市场是安全的"。发达国家的市场真的就比较安全吗？这其实是出口商们普遍存在的一种认识误区。实际上，无论是发达国家，还是发展中国家，风险都是一个涉及多个层面、涵盖众多因素且内在关系十分复杂的复合型概念，很难说发达国家的市场就比较安全。

尽管发达国家可能不会发生简单粗暴的财产没收、国有化，也很少发生国家财政的破产，但是发达国家并不就是丝毫没有跨国经营风险。在这一点上，我们必须提醒中国的许多企业家，不能把美国等发达国家看成天然的投资天堂，以为那里是最安全的跨国经营环境。实际上，这是一个认识上的误区，许多中资企业在走出去时遇到跨国经营风险都是因为这一认识误区和迷信导致的。

在发达国家也是有跨国经营风险的，只不过侧重点不同而已。在发达国家，法制一般比较健全，市场自由度高。但是即便如此，从事跨国经营的企业也不能"错把杭州作汴州"，"误认他乡是故乡"。事实上，任何一个国家都不可能完全地向其他国家的企业开放，发达国家也是如此。从政府、利益集团到民众，都会与外来的跨国企业发生不同程度的利益上的冲突。近年来，美欧等西方国家在标榜奉行自由市场经济制度的同时，出于国家经济安全等方面考虑，一股经济民族主义的潮流已日益引起国际社会的广泛关注。例如，2005 年，法国政府以"国家安全"及"民族情结"为由，公开阻止美国百事公司收购达能公司，并随后颁布了产业保护名单，10 个工业部门被列入该名单之中，禁止外国公司并购。如果说欠发达国家经常以暴力的形式表现出对外来企业的干扰，那么发达国家则经常以隐蔽的程序审查、标准核对、利益表达等形式打击外来企业，或者以失控的金融危机来影响外来企业。另外，发达国家同样也存在许多自身的政治和社会问题。例如，"9·11"事件和英国伦敦地铁爆炸案，说明了这些国家内部也面临着恐怖主义的威胁。

历史上，作为跨国风险受害者的美国也曾经有过多次显著地给其他国家的跨国公司造成非商业经营性风险的劣迹。其中最出名的莫过于日本企业和投资者在美国的投资经营活动中遇到的倒霉经历。

日本的汽车制造企业在进入美国市场过程中曾遇到并不"自由安全"的种种刁难和阻挠，使得日本的多家汽车公司受到很大限制，损失严重。其中丰田的经历就是一个缩影。丰田公司在美国的经历只是日本企业在美国跨国经营遇到的风险中的一个小例子，更令日本企业受伤的是美国房地产泡沫在20 世纪80 年代破裂给日本企业带来的巨大投资损失。

专栏 1-1 美国房地产泡沫引发的日本企业巨亏和国家经济衰退

20 世纪 80 年代，在日本产品咄咄逼人的攻势下，美国政府动用政治与金融的力量悄悄展开了针对日本经济的干扰和压制。1985 年，美国与西欧国家联手施加压力，强迫日本政府让日元大幅升值。此后，为了遏止日元的升值势头，日本央行又长期实行了低利率，结果日本的房地产及股市泡沫迅速膨胀，日本房地产的价格一度高于美国。由于日本在西方国家的压力下开放了资本账户，使得日元可以自由兑换，日本金融机构借日元升值之机，换回大量美元，纷纷投资到美国房地产市场。

一时间，日本人在美国各大城市四处出击，刮起了购买大楼的旋风，其雄厚的资金实力引起了美国人的惊叹和恐慌。1985 年，日本对美国的不动产投资只有 18.6 亿美元，占其对美投资总额的 9.8%；1986 年一年内该数值增长了 3 倍，达到 75.3 亿美元，占当年日本对美国直接投资总额的 28%；1987 年该投资额增加了 70%，达到 127.7 亿美元，占当年日本对美国直接投资总额的 41.2%；1988 年进一步增加了 30%，达到 166 亿美元，而且当年日本还在美国购买了 130 亿美元的公司债券和股票。至 20 世纪 80 年代末，日本购买的美国不动产占美国不动产总额的 10%。在洛杉矶闹市区，几乎一半的房地产落到日本人手里。在一系列的交易中，最著名的是 1989 年三菱地产公司以 13.73 亿美元巨资收购了纽约洛克菲勒中心的 14 栋办公大楼，拥有洛克菲勒中心约 80% 股份。坐落在纽约曼哈顿市中心的洛克菲勒中心曾是美国经济的象征，日本的大手笔买进使美国舆论哗然。一些美国报刊称之为"经济珍珠港"，"没有军队的日本已经获得了他们发动第二次世界大战企图得到的东西——共荣圈"。美国人痛心地大声疾呼，"美利坚被推上了拍卖台"，"日本人有朝一日会成为硅谷和华尔街的雇主"。

然而，这种表面上的好景没有持续多久。没过几年，到了 20 世纪 80 年代末 90 年代初，美国的房地产业明显供过于求，各大城市满街都挂着房屋租售广告，各种奢侈的办公室和住宅都空着，租不出去。美国的房地产泡沫随之破灭，美国经济进入了新一轮衰退期。这次房地产泡沫的破灭加上随之而来的经济衰退使日本在美国的投资大幅缩水。日本在美国的大量非生产性投资，即在不动产和金融领域的投资均遭到灭顶之灾。据统计，90 年代初，日本在美国的投资亏损共达到 7000 亿美元，大致相当于整个 80 年代日本对美国的贸易顺差。

在形势逆转之后，1988 年美国政府又落井下石，挑头在国际清算银行通过了巴塞尔协议，颇有针对性地要求从 1992 年起银行的自有资金率必须保持在 8% 以上。此举对日本的银行和企业立即构成了消极影响。日本的银行过去自有资金率低，现在一方面要想办法弥补投资美国的大量损失，另一方面又要补充自有资金率。在此情况下，日本出现了严重的信贷紧缩，企业没有资金发展，无力进行国际市场的扩张。于是，在美国房地产泡沫破裂后的一系列金融打击下，日本经济从此一蹶不振，陷入了长达十多年的衰退。

此外，购买美国资产还有许多政治风险。第二次世界大战结束后，欧洲出现了一个美元市场，其直接原因就是美国政府可能带来的跨国经营风险。当时，一些与苏联东欧集团国家做生意的欧洲公司担心，如果把做生意获得的美元放在美国，万一苏东集团不履行义务，拖欠美国的债务，美国政府在抓不到苏联政府的财产时，就可能以制裁苏东集团为名，把气撒到与苏东国家做生意的这些公司头上，没收它们在美国的美元财产。因此这些公司就把美元留在了欧洲银行里。后来，苏东集团国家在与西方国家的贸易中得到了一些美元，也担心发生冲突时美国会冻结它们的财产，于是也把美元存在欧洲的银行里。这样才导致欧洲出现一个美元市场。

2007 年美国次贷危机中，房利美、房地美因巨额亏损被强行国有化，贝尔斯登破产，美林证券被吞并，高盛和摩根士丹利先后陷入危机，AIG 被国有化，就连有着 158 年历史和不死鸟般传奇的雷曼兄弟公司也倒闭了。这一连串令人震惊的事件彻底打破了美国金融和经济的神话，不得不让人们重新审视对美国进行投资的风险程度。尤其是此次中国在美国的次贷危机中，由于对美国的政府和非政府债券投入了大量外汇收入，也遭受到沉重的打击和巨额损失。还有一些持有大量美元资产的石油国家也遭受了巨大损失。2018 年，美国特朗普政府对华发动贸易战，不仅对进口商品征收关税，还对中国企业对美投资设限，澳大利亚等国跟进，大幅改变了跨国企业投资环境，造成投资风险的大幅上升。

这些事例充分说明了我们必须打破对发达国家市场的迷信，即发达经济体并非跨国经营和投资的安全港；否则我们在毫无防备地走进发达国家后，就会付出沉重的代价。

总之，我们必须认识到，跨国经营风险是与跨国经营的机遇相伴相随的，它潜伏于跨国经营的过程中，无论是西方国家的跨国企业，还是其他国家的跨国企业都无法避免；无论是在发展中国家，还是在发达国家，也都以不同的形式存在，同样具有致命的破坏性。必须强调，跨国经营风险是一种普遍存在的现象，中资企业应当树立起充分的风险警觉意识，尤其是要打破对发达国家市场安全的盲目迷信，消除侥幸心理。

三、跨国经营风险的独特性

跨国经营企业所遭遇的风险与它们在国内经营的风险有一定的相似性，都需要充分考虑市场变化带来的风险，但也有其自身的独特性。一般而言，跨国经营风险的成因较为复杂，可能风险的形成和传导较为隐蔽，其中的政治风险尤其突出。

跨国经营的企业在新的市场从事业务，面临两个方面的重要挑战。通俗地讲，跨国经营企业作为外资，既要通过"入乡随俗"的考验，又要关注当地对外资态度的动态变化。

一是企业需要适应东道国的政治法律环境。由于这些国家的监管方式和要求与中国并不相同，企业要符合其各项规定，既需要充分的准备和学习，又要做好自身行为方式的调整和适应。对于开展跨国经营的企业，尤其是刚刚有跨国经营行为的企业而言，挑战尤其显著。在社会文化等差异的影响下，企业在跨国经营过程中需要尊重东道国员工的文化习俗，在语言和文化习惯上可能与其在国内的经营有较大差异。如果企业没有相应准备，而将国内的经营理念和发展模式直接复制到东道国，可能会受到相关监管部门的制约，无法获得足够的市场份额，甚至对正常经营造成较大影响。在一些国家，由于监管体系的发展和调整，对市场主体的监管不断发展，对企业适应相关要求提出了更大的挑战。

二是东道国对外资态度有可能发生变化。历史上，包括美国、日本等国企业的跨国经营在发展较快的阶段都出现过引发东道国的民族主义反对浪潮，从而造成投资经营环境的变化。近年来，伴随中国企业开展跨国经营的步伐加快，中国也逐渐成为全球资本双向流动大国，对一些国家的经济社会造成了较大的影响，有些时候与当地企业的竞争会引发更多的保护情绪。在野党往往很关注此类问题，相对激进的党派可能将对外资企业的行动作为竞选纲领，提出执政后采取强硬做法改变对外资的态度，由此形成较大的政治风险。经济危机爆发以来，全球经济呈现更为不平衡、不稳定的特点，贸易和投资保护主义在欧美等发达经济体出现了较快的上升趋势，左翼、右翼党派以联合组阁等方式在政治上的参与度增加，相应地较为极端的民族主义理念对外来投资造成了不小的影响。

四、跨国经营风险的阶段性

在不同的历史时期，跨国经营活动的情况不同，风险产生的原因差异较大，对企业的影响和应对方式各有不同。

20世纪70年代是全球跨国公司发展较快的重要时期。跨国公司的国际化布局调整开始加速，企业通过加大对能源、资源生产地的投资来保障产业链投入部分并降低成本。为了获得发展动力，跨国公司对国际能源资源市场进行价格打压。为了获得更为公正的对待与价格，大量的殖民地寻求独立，通过国有化等方式将跨国公司的生产能力转为东道国的供应和发展的能力。对于跨国公司而言，国有化举措对企业的跨国经营意味着极大的风险。发展中国家的觉醒，最终推动了全球价格体系和机制的重构，使得国际贸易和国际投资的环境和模式发生了较大调整与变化。

此后，在发展中国家的跨国投资活动更为活跃的情况下，全球跨国投资的环境发生了重要变化。跨国经营的风险开始逐渐转向由于发展中经济体企业缺乏必要发展经验而导致的跨国经营风险突出的局面。相比于发达经济体的跨国公司，发展中国家的跨国企业缺乏足够的经验和能力，在国际竞争中处于不利地位，被迫选择风险较大的区域和行业领域。发展中国家企业的对外投资往往主要将其国内相对熟悉的做法复制到海外，利用东道国相对低成本的要素资源开展生产，以获得更强的竞争优势。但在发展阶段较低的东道国，可能产业基础、制度环境等方面都更不成熟和完善，发展风险可能更大。

近年来，全球经济环境发生新的变化。贸易保护主义思想逐渐落到实地，对全球经贸产生较大冲击。从逆全球化到301和232关税举措，再到美国提出的更为严格的投资管制措施，对跨国经营产生了更大影响。政府政策开始对国际环境产生较大影响，改变了企业经营活动的布局模式，进而对企业的正常营运和发展产生了较大冲击。

与此同时，文化的跨国交流与冲突增多，跨文化交流的需求增加，文化冲突给企业的经营和发展带来不利影响。多数东道国对企业雇用人员的本地化有要求，企业雇员与管理层之间的融合也需要一定周期，如果处理不当将为跨国经营活动带来更大不确定性。

五、跨国经营风险影响的复杂性

由于涉及主体众多、作用机制复杂，跨国经营活动的风险往往高于企业在国内的经营活动，而且当经营风险发生后，对相关各方的直接和间接影响也更为复杂。

一般而言，企业跨国经营活动出现问题，会对企业自身的正常经营造成直接冲击，进而引起其供应链上下游的经济活动受阻。与国内经营相比，从事跨国经营活动的企业会依赖于国际贸易基础上的全球供应，优化资源配置以在成本最低的情况下获得更高回报，在可能的情况下尽量降低存货对资金的占用。但国际贸易的供应周期更长，一旦出现问题，响应周期较长，难以及时回应供需关系变化的需要，并通过杠杆效应放大不利影响。跨国经营活动与国际市场的联动性较强，相关风险信号的影响也相应较大。部分大型能源开发企业的内部策略调整或资源受限，可能影响全球市场反应，影响和波及面广泛。

历史经验表明，跨国公司的出现和发展反映了企业配置资源能力的增强，反过来进一步支撑了国际化进程。伴随企业的发展，国际化进程不断推进，规模越大的企业所形成的产业集聚效应更为明显，为跨国公司提供产业配套和服务往往是东道国经济社会发展的重要内容。当大型跨国公司受到投资风险影响时，不仅其自身面临风险，产业链上下游的关联企业也会受到较大冲击。2018年3月美国动用"301"调查对华加征关税，在商品清单选择上特意避开了苹果手机相关的产品，就是担心供应链上的联动效应对其本国企业和经济形成冲击。

跨国经营活动与金融市场、专业服务、物流配送等诸多领域密切关联，其风险也因此会外溢至各相关领域。跨国公司大多在投融资上更注重广泛性和均衡性，借助国际金融市场获得低成本的组合资金支持。因此一旦出现经营问题，不仅与该项经营活动直接相关的融资可能出现偿付困难，而且可能对企业的信用评级造成较大冲击，进而在高度相关的全球市场上引起反应，对该公司位于其他区域的业务带来不利影响。

东道国受益于外资创造的就业岗位、提供的税收等好处的同时，也在一定程度上与外资的发展息息相关。外资企业如果出现经营困难，也会导致相应的就业岗位减少或消失，对东道国经济社会产生一定冲击。

第二节　中国企业的跨国经营风险

近年来，中国企业积极开拓国际市场，走出去的规模和领域不断扩大，企业面临的跨国经营风险也开始频发，给企业自身和相关各方都带来了不利的影响，亟须加强风险管理。

一、快速发展的对外投资合作

伴随中国企业开拓国际市场的意愿和能力的增强，企业对外投资合作发展迅速，稳居全球前列。根据商务部统计，2012—2016 年，中国对外直接投资流量累计6600 多亿美元，年均增长22.3%，由全球第三位升至第二位，仅次于美国；对外投资存量全球排名由第十三位上升至第六位，占全球存量的份额从2.3% 提升至5.2%。五年间，中国对外承包工程完成营业额累计约7100 亿美元，年均增长9%，成为全球主要国际工程承包大国之一。截至2017 年年末，中国累计派出各类对外劳务合作人员902.2 万人次，常年在外约100 万人。2012—2016 年，中国企业通过对外投资合作，累计实现境外销售收入7.2 万亿美元，带动进出口1.9 万亿美元；并购类对外投资占对外投资总额的比重从31.4% 上升至44.1%。中国企业在境外建设了一批钢铁、水泥、有色金属、汽车、机械、纺织、化工等生产基地，对外承包工程合同额上亿美元的项目超过2000 个。2012—2016 年，中国境外企业资产总额由2.4 万亿美元增至5 万亿美元，累计在境外缴税13725 亿美元，提供就业岗位年均超过100 万个，对东道国经济社会发展和世界经济增长发挥了积极作用。近年来，中国对外投资出现了较快增长，在规模扩大的同时，非理性投资增加，无论对企业、东道国还是中国都产生了一定的影响。

2018年1月，中国境内投资者共对全球99个国家和地区的955家境外企业进行非金融类直接投资，累计实现投资695.1亿美元，同比增长30.5%，1个月的对外投资额（折合108亿美元，同比增长39.7%）就达到2002年中国企业全年对外投资额27亿美元的4倍，比2005年的对外投资额少14.6亿美元。

全球经济危机爆发后各国政府的推动为承包工程提供了有力支撑，对外承包工程保持了相对较快的发展，2018年1月的对外承包工程业务完成额为668.1亿元人民币，同比增长18.4%（折合103.8亿美元，同比增长26.7%），新签合同额751.1亿元人民币（折合116.7亿美元）。

二、跨国经营风险概率更高

跨国经营的风险较为普遍，无论是何种所有制或何等规模的企业，都可能会遭遇风险。研究表明，各类企业在开展跨国经营过程中遭遇的风险高于其国内经营的风险，出现风险的概率较国内相对更高。

近年来，中小企业开展跨国经营的数量和积极性都明显增加，遭遇各类风险的情况较为普遍。跨国经营的环境较为复杂，企业既需要适应复杂的环境，又需要有效地处理各种突发情况。中小企业因为规模较小，经验相对不足，在跨国经营风险处理上可能难度更大，受风险冲击较为明显。作为市场的新进入者，企业需要了解和把握当地的规则与习惯，学习成本较高，若经营规模有限则很可能出现分摊到每项交易的成本过高。中小企业往往在发展中仅涉及较为单一或局限的市场，通过业务多元化分散风险的能力不足。为了获得较为持久和平稳的业务，许多中小企业服务于行业中的大型企业，成为其供货商或全球产业链中的一部分，容易受到外部传递风险的冲击。主要发达经济体大多都重视对中小企业开拓国际市场的服务和支持，不仅努力降低其跨国经营成本，也通过信息服务、保险服务等方式帮助企业降低风险冲击，实现更为稳定的经营。

大型企业在跨国经营中同样普遍面临各种风险。尽管相比于中小企业，大型企业的经济实力较强，可能具备更多的经验，但因为各种原因所面临的风险依旧不可忽视。中国经济从计划经济向市场经济转变的时间较晚，企业在市场化的同时面临国际化。走出国门的第一步往往是来自各种渠道的片面信息，企业并不具备对东道国投资市场的充分认知与把握，投资冲动有可能为跨国经营风险埋下伏笔。即便顺利通过初始阶段的考验，企业能否实现持续稳定的跨国经营仍未可知。东道国市场对外来者的排斥、当地媒体或西方非政府组织对企业的指责，都可能使原本可能顺利进行的跨国经营活动出现变化，甚至影响企业的发展。

2012年以来，外需持续疲软，全球大宗商品价格大幅下跌。在全球经济运行的新常态下，国际政治、经济、文化格局均发生着重大变化，中国外贸发展面临巨大压力。从2014年开始，中国企业海外并购的行业结构出现逆转性变化。若把中国企业海外并购分为"传统经济"（以原材料、能源和矿产资源为目标，以支持国内工业生产）和"新兴经济"（以技术和品牌为并购目标，借以将经济增长动力向消费转变），2006—2013年，以"新兴经济"为并购目标的中国企业海外并购交易金额仅占不到40％；而自2014年起，这一比重迅速增长至70％左右。从细分行业看，2011—2015年，采矿金属行业和石油天热气行业在中国企业海外并购金额的占比从47％一路下降至10.5％，取而代之的是金融、汽车与运输、TMT等服务型行业。在变化最为显著的2014年，能源和资源行业并购金额占比下降至18％，消费品行业和TMT行业占比分别为25％、21％，金融业和医疗、房地产行业占比为9％。中国海外并购的行业结构正由能源资源型为主导向消费品、金融服务等行业转变。以万达、复星为代表，在金融、娱乐、体育、旅游等行业的大举并购是中国企业海外并购跨入新阶段的一段缩影。随着中国传统的投资和出口拉动型增长方式正逐步转向消费驱动型，国内经济增速放缓，也使得越来越多的企业迫切地将战略目光投向海外，寻求新的利润增长点。2014年BCG（波士顿咨询公司）针对中国企业的海外并购调查显示，在过去五年中，以"获得技术、知识产权或生产能力""进入当地市场""收购品牌"为战略目的的海外并购活动占比高达75％，而以"确保获得资源"为目标的企业仅占20％。随着海外并购数量和规模的高涨，中国企业在海外并购中也越来越重视寻求多样化的融资方式。尤其是对于大量民营企业而言，融资渠道的缺乏促使其积极开发新的资金来源。动辄上亿美元的单笔并购金额，也吸引着PE、VC等众多财务投资者参与到海外并购中来。2016年，38.1％的并购交易有私募基金和资产管理公司等财务投资者的参与，是2015年的两倍多。民间资本的参与是新阶段中国海外并购的又一新特点。然而，中企海外并购面临的质疑也在增加。汤森路透和Zephyr数据显示，1982—2009年中国企业宣布的海外并购案例中，最终完成的案例仅占51.2%，这一数据不仅低于美国的76.5%，也低于世界平均水平的68.7%。尽管截至2016年，中国企业的完成率数据超过60%，但相比一些主要国家，仍处于较低水平。跨国并购后能否成功整合更是一大难题，中国企业能够从海外并购中真正获利的案例可能十分有限。

三、跨国经营风险后果严重

与国内的经营风险相比，跨国经营风险往往给企业带来更为严重的后果。在开放环境下，跨国经营风险除了对企业的商业利润产生影响，也可能影响到企业国际化的积极性和信心。

发生跨国经营风险时，企业需要做出反应，或是减少与风险直接相关的业务，减小暴露在风险中的敞口，阻断风险的传递链条，或是寻求风险对冲和保障机制，分担风险损失。但在经济学中，风险与收益往往是共生且同向变化，风险降低往往意味着收益的减少。企业规避风险的行为本身就可能带来收益的减少。例如，当企业投资所在地出现恐怖活动增加的情况，企业可能需要转移业务所在区域、寻找新的市场，或者增加安保力量、购买更多商业保险，此类风险规避行为本身将产生成本，对已有业务的布局调整、商业经营设施的迁移，或是购买保险都会降低企业投资收益，造成效益减少。

跨国经营的风险还会对企业的国际化意愿带来较大影响，从而影响企业中长期发展的能力。历史经验表明，国际化是企业成长的重要阶段，多数企业通过跨国经营获得了更强的全球资源配置能力，增强了竞争力，实现了可持续发展。如果因跨国经营活动中遭遇较大风险而使得企业对国际化产生怀疑或抵制，从而在发展中局限于国内市场，很可能为企业未来的增长产生阻碍。中国改革开放四十年来，从开放中获益，也明确了中国开放的大门不会关上，只会越开越大的方向。伴随市场的开放，各国企业来华开展投资经营活动，对本土企业带来更大的竞争压力。如果不充分利用双向开放的环境进行发展，中国企业很可能会逐步丧失原有的市场，丧失发展动力。

四、跨国经营风险管理亟待加强

中国企业国际化的进程不长。相比而言，工程承包企业走出去相对较早，对外直接投资的企业大多只有十几年甚至更短的跨国经营发展历史，企业对跨国经营风险的认识和相应能采取的行动经验都还不足，这些方面亟待加强与改进。

工程承包企业尽管开展跨国经营时间较早，但业务相对较为集中，业务领域以施工为主，在相当长时期内与当地经济社会交汇不多。尤其在开展跨国经营的初期，工程企业承担政府项目，资金有保障，以成建制方式带出施工队伍，在海外封闭式管理，与所在地接触有限，施工完成后离开，资金基本得到保障，受外部市场影响不多，风险相对可控。随着企业海外知名度的提高，业务能力增强，开拓海外市场的意愿和能力都有所提升，涉及的项目领域拓宽，风险随之增加。为了获得更多订单，部分企业大幅拓展业务范围，在业务多元化的同时也受到各类风险的影响和制约，风险事件对企业可持续经营的影响也更为显著。

对外投资企业的跨国经营活动目前面临着环境复杂，风险较为突出，风险管理能力亟待加强的局面。伴随中国国际影响力的显著提升和企业对外投资活动的迅速发展，各方对中国的期待更高。企业的对外投资活动不仅对其自身发展十分关键，也在很大程度上成为外界看待中国的样本和窗口。企业对风险的认识和管理关系到中国的形象。增强跨国经营能力，有利于企业充分了解外部环境的变化，提高适应能力，降低受风险冲击造成的损害，也有助于维护中国企业的海外形象，赢得合作伙伴的信赖和各方的尊重。伴随着中国企业跨国经营活动的快速增长、跨国经营风险的普遍发生以及由此带来的低效益，企业对风险进行有效管理的能力亟待加强，在一定程度上这已经成为中国企业能否顺利实现转型升级的关键因素之一。

第三节　中外企业跨国经营风险的演变

中国企业开展跨国经营起步较晚，而此前无论是英国、美国还是日本的企业在国际化的初期都曾经历过跨国经营风险的考验。中国企业与相关各方共同推进"一带一路"建设，需要充分借鉴先行企业的已有经验，避免或少走弯路，减少风险对企业发展的损害。

一、英国东印度公司遭遇的风险

作为英国开拓东南亚地区的代理，英国东印度公司在帮助英国逐步将印度收为殖民地的同时，几乎承担了英国政府探索新疆土的所有风险。英国皇室背书的垄断特权将东印度公司的利益与国家利益紧密联系在一起，而以私人名义合资成立的贸易公司又将开拓东印度地区的风险有限化，限制在不伤及国家根本利益的范围内。

虽然早在1600年，英国东印度公司就已获得英国女皇伊丽莎白一世授予的英国在东印度地区的贸易垄断权，但在成立初期，英国东印度公司远未对东印度市场形成完全垄断——其主要业务为进口东南亚及印度地区的香料、织品、茶叶等，向欧洲地区贩售。而当时在印度及东南亚地区从事该项业务的不仅仅英国东印度公司一家，还包括荷兰、葡萄牙所属的东印度公司。

由于荷兰、葡萄牙两国成为海上霸主时间较早，利用两国在东印度地区的影响力，荷属东印度公司与葡属东印度公司在17世纪初期占有了东印度贸易市场的绝大多数份额。英国东印度公司的业务扩张势必会对荷属、葡属东印度公司的垄断地位造成冲击：一则英国东印度公司与葡、荷东印度公司进货、贩售地区相近，进货量激增导致成本抬高，而出货量过度会压低产品出售的市场价格，双重积压下原垄断者利润下滑明显；二则英国东印度公司的进入抢占了葡、荷东印度公司的市场份额，再次挤压了葡、荷东印度公司利润。为此葡、荷两国东印度公司采取了市场乃至军事层面的多种反制措施。故而作为后进入者的英国东印度公司在开拓市场初期所面临的首要风险，就是与荷属、葡属东印度公司之间激烈的贸易冲突。

1612年，英国东印度公司与葡萄牙在印度西海岸苏拉特港附近的苏瓦里发生了一场激战，东印度公司的船队大挫葡萄牙船队。苏拉特港是印度当时最大的王国莫卧儿汗国的重要港口，而莫卧儿汗国主要信奉伊斯兰教。葡萄牙作为一个反伊斯兰风潮盛行的国家，本就不受莫卧儿汗国欢迎；加之葡萄牙商人经常侵扰莫卧儿汗国前往麦加朝圣的船只，莫卧儿汗国国王急欲寻求一个更加稳妥且强大的贸易合作伙伴。英国东印度公司受英国皇室支持，恰恰是莫卧儿汗国贸易伙伴的不二之选。英国东印度公司意外地化风险为机遇，此次对葡胜利也成为其扎根印度、扩张市场的基础。

然而葡萄牙只是17世纪初期较有实力的欧洲诸国之一，英国东印度公司在东印度地区真正的对手是实力正处巅峰的海上霸主荷兰，及其势力下的荷属东印度公司。荷属东印度公司在17世纪初在世界范围内拥有5万多名员工，其旗下的船队中仅商船数目就多达200多艘。东印度地区的香料群岛是荷属东印度公司最重要的香料货源地，北海地区则是荷属东印度公司最重要的销货市场，其间的一次往返航程运载的香料货物可以为公司带来近400%的高额利润。为抢夺和维护欧洲市场，荷兰排挤英国商人，并于1649年与丹麦签署条约，使本国货船能免税通过松德海峡，进而凭借政策优势垄断北海地区的贸易。1651年，为保证英国在欧洲市场的利益，英国针对荷兰颁布了《第一航海条例》，规定所有进口到英国的商品均只可由英国货轮运输。这一举动使英国海盗有了合法的理由去劫掠荷兰商船，引起了荷方强烈不满，并直接导致了1652至1654年第一次英荷战争的爆发。虽然第一次英荷战争以英国战胜、荷兰被迫签署《威斯敏斯特条约》告终，但这并没有终结英荷之间激烈的贸易冲突。其后的20年间，英荷之间摩擦不断，接续进行了三场战争，致使双方均蒙受了不同程度的损失，荷兰商队更是自此走向没落。

虽排除了竞争对手之间的市场风险，英国东印度公司还面临着海盗以及来自东道国方面的风险。1695年，英国籍海盗亨利·埃夫里所率的船队劫持了从麦加朝圣归来的莫卧儿汗国货船"钢之威"号，掠夺了货船上价值约50000至60000英镑的财物。莫卧儿汗国国王奥朗则布因此迁怒于英国东印度公司，下令进攻东印度公司，关停其在印度的四家工厂，并关押工厂员工。奥朗则布甚至扬言要禁止所有英国贸易商在印度的贸易活动。为平息东道国主奥朗则布的压制性措施，东印度公司承诺赔付莫卧儿汗国要求的一切赔款，英国政府则免除了海盗埃夫里可能享有的任何豁免权利，并悬赏500英镑通缉埃夫里。尽管最终奥朗则布撤回了进攻东印度公司的军队，但东印度公司为此遭受了巨大的损失。

二、美国企业遭遇的海外风险

第二次世界大战后，美国跨国公司开始兴起。1944年在联合国际会议上确立的布雷顿森林体系替代了金本位体系，尽管该体系在1971年由于制度上的缺陷而崩溃，但"美元与黄金挂钩，其他货币与美元挂钩"的体系维持长达近30年，奠定了美元世界货币的地位，极大地便利了美国跨国公司在世界范围内的扩张。

纵然在结算货币上美国企业具有相当的优势，但这并不代表跨国经营风险的消除。美国跨国公司依旧面临着市场、汇率、大宗商品价格波动、政治因素等多重风险。

沃尔玛作为美国最大的零售商，拥有丰富的企业管理经验和强大的物流经验，其对加拿大、墨西哥、英国、中国等主要海外市场的开拓取得了极大的成功。1997年，当沃尔玛进军德国市场之初，或许并未料到它在世界其他国家的经验竟无法成功复制。但是事实上，沃尔玛自进军德国计划制订起，便注定会遭受失败。

沃尔玛在海外的扩张，主要战略之一为"侵入式并购"，即以自身强大的资金实力为支撑，对海外市场的中小型零售商进行无差别的兼并整合，从而占据大部分市场份额，获得垄断定价势力。"侵入式并购"整合零散的小企业，取而代之以拥有一体化的物流体系和先进的企业管理体系的连锁超市，这种方式本身是一种对海外市场零售行业的整体优化；但当零售市场中已有较强大的一体化连锁超市时，通过"侵入式并购"整合小企业反而会拉低效率，削减母公司在海外市场的竞争力。

德国市场恰恰就是这样一个竞争激烈的市场。当时的德国本土拥有6家排名世界前30的零售商，其中Metro、Schwarz、Aldi均为有着五十年以上历史的老牌本土连锁零售商，其管理经验和物流网丝毫不弱于沃尔玛，且早已融入德国民众的日常生活之中。以Aldi为例，该零售商只销售最基本的生活必需品，物流成本显著低于沃尔玛，其定价能够做到比沃尔玛"天天平价"的进攻性倾销战略还低。面对强大的竞争对手，沃尔玛却做出了错误的"侵略性并购"决策，先后收购了并不受德国民众欢迎的Wertkauf和Interspar连锁店，这两家连锁店不仅品牌效应上不及Metro、Aldi等大型连锁零售商，而且一时间难以达到沃尔玛一体化管理的要求。尽管沃尔玛投入大笔资金改进被收购连锁店的设施，其销售额仍旧连年下降，市场也逐渐被挤占。

由于对市场理解不够深刻，沃尔玛在德国苦心经营九年，最终却收获近10亿美元的亏损，不得不于2006年宣布退出。

三、日本企业遭遇的海外风险

日本企业跨国经营的历程中，除丰田借20世纪70年代初期石油危机之机拓展美国市场遭到美国贸易保护主义限制之外，其他企业也经受过市场信息不对称的残酷洗礼。

21世纪初期，日本东芝的家电业务连续亏损，而占其利润份额60%的数码电子产品销量也止步不前，因此东芝特别看重其市场成熟、具有稳定经营收入来源的社会基础设施建设业务。

中国是东芝社会基础设施建设的重要市场之一，东芝曾参与中国三峡输变电工程的建设，并通过持股80%的东芝水电设备（杭州）有限公司介入了水力发电设备市场。2003年恰逢中国数个核电站项目准备上马，中国国内对核电政策支持幅度较大；另外，日本政府当时正主导能源调整战略，鼓励日本企业进行地区能源合作，故而东芝急切希望切入中国核电市场，以获取政策方面的红利。东芝费尽周折进行商业调查，得知中国意图在新的核电项目中采用AP1000第三代压水堆技术，但当时日本国内企业仅拥有上一代沸水堆技术，无法胜任中国方面的要求，于是日本东芝将目光投向了拥有压水堆技术且急于转手资产的英国核燃料公司（BNFL）旗下核电设备企业西屋电气。

西屋集团曾与美国通用电气同为美国机电制造业巨头，然而由于20世纪70年代日本机电产品的扩张，西屋集团电气机电制造部门逐渐衰退。1993年，西屋时任CEO决定对公司进行资产整合，将公司广播网络业务单独剥离出来，经过一系列兼并与收购，新设合并为如今的哥伦比亚广播公司集团（CBS）。最终，西屋集团剩余的机电制造部门被打包卖给了英国核燃料公司，其中就包括东芝的收购对象——核电设备企业西屋电气。

东芝收购西屋电气时，恰巧日本本土企业三菱重工、日立Hitachi也有收购西屋电气的意图，三方相互竞价，竟将初始报价18亿美元的交易直线抬高至54亿美元。三菱重工、日立Hitachi的竞价使东芝确信西屋电气是自己掌控未来核电市场的关键所在，因此对于54亿美元的收购价丝毫不觉遭受了亏损。

事实证明，东芝错误估计了西屋电气的真实价值。英国核燃料公司之所以意图出售拥有压水堆技术的西屋电气，是由于西屋的这项技术在实际推广中存在跑冒滴漏的问题，并且西屋电气的压水堆技术并非其独家持有。中国国核在东芝收购西屋电气之前曾引进过西屋的AP1000压水堆技术，并在此基础上进行自主研发，基本能够自主进行AP1000压水堆核电机组的建设。祸不单行，2011年日本福岛发生核泄漏事件，全球范围内核电市场进入萧条，事后仅中国市场率先脱离低谷，而重视自主知识产权的中国政府采用的只能是自主研发的核电机组。日本东芝最终竹篮打水，西屋电气成为公司的一项鸡肋资产，食之无味，弃之可惜。

四、中国企业参与"一带一路"建设的海外风险

"一带一路"沿线国家众多。这些经济体各自拥有不同的历史、文化、宗教、政治条件，也各有不同的市场环境和消费者结构，各区域的经济体之间更是有千丝万缕的复杂联系，中国企业投身于"一带一路"建设所承担的风险可想而知。中国企业在发达经济体东道国遭遇的合规要求风险增加，而在发展中经济体则主要是经营过程中的风险。

总的来说，中国企业在"一带一路"沿线国家进行跨国经营的风险，主要有以下几类：政治因素导致的风险、市场因素导致的风险、文化因素导致的风险。

政治因素导致的风险在历史中数不胜数，譬如中东地区政治局势动荡导致企业生产活动受阻，又如东南亚国家因受制于美国政策而抵制中国产品，再如国家统治集团的更替带来的政策非延续性，等等。特别是当今世界，各大经济体越来越多地通过地缘政治紧密相连，国家战略往往必须优先考虑相邻经济体可能做出的反应，大国之间的博弈极有可能影响小国的长期战略走向。由于政治因素导致的变动对于企业未来发展而言往往是根本性的变化，中国企业在"一带一路"沿线国家跨国经营，首先需要对各国的政策持有敏感的反应。特别是在中东、东南亚等区域局势尚不明朗的地区，应重点防范政治风险；对于"一带一路"沿线各国所颁布的法律法规和政策性优惠，应及时了解遵守和及时争取。

市场因素导致的风险包括市场信息不对称风险、市场竞争风险、利率汇率浮动导致的资产价格波动风险、经营策略失当风险等。"一带一路"沿线国家对于大多数中国企业而言都是全新的市场，市场中同业竞争对手现状如何、客户对产品的需求结构如何、货物供应商或代销商是否可靠，这些均是中国企业需要尽职调查的问题。在一个全新的市场中，信息不对称又导致这些问题难以被企业掌握，在经营战略的制定上就难免会产生各种错误。另外，国外市场资产价格时刻受该国利率、汇率影响，这点往往容易被中国企业忽视。因此，在"一带一路"沿线国家进行跨国经营，必定是一个在探索中不断纠正错误的过程。中国企业要时刻根据市场调整自身发展战略和经营策略，尽可能地规避市场因素带来的风险。

文化因素导致的风险则表现在公司经营的各种细枝末节之中，例如，海外员

工和本国员工文化差异导致的工作环境不融洽、公司与交易方的文化差异导致谈判中的种种误解、消费者生活习惯差异导致的产品销售局面无法打开等。更严重的情况下，涉及宗教问题的文化冲突可能直接葬送公司在海外国家的发展前景。中国的跨国公司在开拓"一带一路"沿线国家市场之前，必须对该国的文化有充分的了解。在尊重对方文化的前提下，求同存异，合作共赢，才能使公司融入到当地的发展中去。

· 案例 ·

1.1 美国 Belco 石油公司在秘鲁遭遇的跨国风险

20世纪70年代末，在许多拉美国家严格限制和审查外国直接投资时，秘鲁政府采取了对外开放的政策，通过放宽对外商的限制来吸引投资。为促进石油勘探和开采领域的投资，秘鲁政府于1980年通过了一部新的石油法（232331号法律），该法的亮点是对石油企业用于再投资的利润提供税收优惠。在这一法律背景下，包括美国 Belco 石油公司在内的三家外资石油公司积极响应，宣布将增加6亿美元投资用于秘鲁的石油勘探开发，并得到了相应的税收优惠。

Belco 石油公司自1959年开始，就以签订产品分成协议（PROD-UCTION SHARING AGREEMENT,PSA）的形式在秘鲁经营石油产业。到1985年，Belco 在秘鲁北部海域的原油产量已达到2.4万桶／日，使得秘鲁成为拉美地区第五大石油输出国。

然而，1985年秘鲁总统大选后，新任总统加西亚（Garcia）单方面终止了税收优惠政策，并在当年8月27日声称，"外国石油公司滥用前任政府给予的税收优惠政策，现任政府要求享受过该政策的外资石油公司补缴减免的税款，同时将税率由原来的41%提高到68%；现任政府要求外国石油公司增加在石油勘探领域的投资，取消与三家最大外国石油公司（包括 Belco）签订的产品分成合同，并要求就合同内容进行为期90天的重新谈判。"

这三家石油公司在秘鲁总投资额超过 19 亿美元，原油产能占秘鲁原油总产能的 2/3。经过谈判，有两家公司与秘鲁政府达成了新的协议，而 Belco 石油公司却拒绝按照秘鲁政府的要求增加投资，拒绝补缴税款，并拒绝接受新的税率。1985 年 12 月，Belco 石油公司在秘鲁的全部资产被征收，由秘鲁国家石油公司接管。

Belco 石油公司曾在美国投保了美国国际集团（AIG）的政治风险保险，在资产被征收后，该公司向 AIG 提出 2.3 亿美元的索赔，这是当时金额最大的一笔政治风险索赔案件。在对 Belco 石油公司进行赔偿后，AIG 开始了长达八年的对秘鲁政府索赔金的追偿。1993 年 8 月 28 日，秘鲁政府与 AIG 最终签订了总额为 1.847 亿美元的赔偿协议。一个月后，AIG 获得了秘鲁政府 3000 万美元的第一笔赔偿款。

· 案例 ·

1.2 日本八佰伴百货公司在跨国经营风险打击下破产

日本的八佰伴百货破产之时，正值 1997 年亚洲金融风暴肆虐时期，或许这是其清盘的原因之一，但其管理层的经营决策才是导致其衰落的决定性因素。

在急速扩张的过程中，八佰伴背弃了原来的超市路线，不仅改变经营手法，更是在物业市场上大额投资。金融风暴后，这些物业变成了负资产，集团被迫向其他公司拖欠款项以继续经营。但市场情况长期持续不景气，拖欠的款项亦越积越多，最终只能踏上结业清盘的不归路。

一、低估扩张业务所需的资金

随着业务规模的急速扩张，在 1990 年至 1996 年的短短六年间，八佰伴在中国内地的零售点由零扩张至五十多处，1997 年的销售额更达到近 8

亿元人民币。但是，与20世纪90年代初期高达14.2%的增长速度相比，中国大陆经济增速历经了七年的平稳下滑，由此导致消费疲弱，导致八佰伴在中国大陆的营业额达不到预期目标。面对这一情形，八佰伴仍不断增加对中国大陆业务的资金投入，集团的财政状态每况愈下。

为了实现集团主席和田一夫的梦想，八佰伴只有依靠信贷维持其高速扩展。信贷利息由1993年的8500万激增至1997年的40060万，占利润的百分比则由24%跃升至49%。换句话说，1997年的收益中近一半用来支付贷款利息，给企业发展带来沉重的利息负担。最终结业时，集团欠下的款项高达7300多万。

二、低估经营非核心业务的风险

在和田一夫眼中，传统的百货零售业必须转型，对顾客提供各式各样的商品服务是大势所趋。为实践一站式的经营策略，业务需要多元化，涉及饮食、食品加工与娱乐事业等。八佰伴为容纳其综合式零售业务，必须选择大型购物中心。为了减轻租金负担，八佰伴开始自置物业。邻近的购物商场因为八佰伴进驻而被带旺，物业价格亦随之而升值。随后，借出售全部或部分购物中心商铺，八佰伴集团获得了可观的溢利。例如在1994年，八佰伴以每尺逾18000元出售会展广场物业，为集团带来3.1亿元的惊人利润。随着地产市场畅旺，百货业却持续萎缩，八佰伴集团在地产领域的投资比重逐步提升。1997年，八佰伴地产投资收益近4亿元，刚好抵消了百货零售业和其他业务的亏损，全年的总收入达1.3亿。

然而，金融风暴的冲击，令其持有的资产价值下跌，八佰伴集团的物业变成了负资产。失去这个经济支柱后，八佰伴的衰亡便成为不能幸免的结局。

三、低估开发新兴市场的风险

20世纪60年代中后期，由于日本本土经济低迷，和田一夫把八佰伴扩展至其他国家和地区，巴西便是其第一个海外市场。可是1972年的巴西经济动荡，通胀严重，国民购买力疲弱，八佰伴向海外扩展的第一步最终以惨败收场。

随后和田一夫转移目标至中国市场，香港成为他实践"中国梦"的第一步。1989年，他把八佰伴的总部移师到香港。1990年，八佰伴分别在红磡、沙田和屯门开设三家大型百货公司。1991年，再投资近500万在沙头角开设了第一家中外合资形式经营的大型百货公司。

1992年，八佰伴正式进军中国内地，与上海第一百货合资，在上海开设了一座亚洲最大的百货公司；在北京，八佰伴亦以合资形式建立了一个最新的货品分销中心和网络，以改善国内零售业的效率。最后，和田一夫干脆把八佰伴总部由香港迁往上海。然而中国的消费习惯尚在不断转型的阶段，未能全面接受百货公司的销售模式。而且和田一夫亦高估了国内消费者的购买力，适逢中国进行宏观调控政策，暂时冷却了经济的高速发展，降低了市民消费的意欲。于是以高消费定位的八佰伴立刻受到严重冲击，这点可从集团的边际利润持续下降而反映出来。1996年八佰伴尚有12%的边际利润，而到1997年却只剩余5%，资金回报率亦由逾20%降至4.6%。

四、低估借贷带来高负债率的风险

中国国内合资伙伴的已核准资金也不能如期到位，为了维持业务顺利进行，八佰伴只能以外资身份继续投入更多的资金。面对远不及预期的回报和不断扩大的资金需求，八佰伴最终陷入进退两难的困境，大量负债令八佰伴的财务状况雪上加霜。在1997年度的收益中，近一半是用于贷款利息的开支，可见八佰伴急速扩展业务时所需的资金，为企业带来了沉重的利息负担。无疑低迷的业务绝对难以支撑庞大的利息支出和其他短期债务，在资金周转不灵的情况下，辛苦经营了十多年的八佰伴终于以清盘来结束业务。[1]

---

① 郑子云、司徒永富：《企业风险管理》，商务印书馆，2002年，第101页。

· 案例 ·

1.3 日本丰田公司
在美国遭遇的跨国经营风险

20 世纪 70 年代开始的两次石油危机使美国汽车行业受到严重冲击，原因是通用、福特等汽车公司为了迎合美国消费者的享乐需要，主要生产大马力、高耗油的大型汽车。在油价飙升的同时，美国三大汽车公司的经营业绩开始直线下降。其中克莱斯勒公司接连三年亏损，1978 年亏损 2 亿美元，1979 年亏损扩大到 11 亿美元，1980 年亏损更是高达 17 亿美元。福特公司由盈转亏，1979 年亏损 10 亿美元，1980 年亏损增至 15 亿美元，均创下历史最高亏损纪录。通用公司由于在欧洲市场销售状况良好，才免遭巨额亏损的厄运。

与此同时，以生产小型省油轿车为主的日本汽车公司抓住了这个千载难逢的机会，大举进军美国市场。1979 年，日本汽车在美国市场的占有率为 17%，1980 年快速上升到 24%。丰田是其中表现最突出的日本汽车公司。

丰田的"花冠"在 1980 年生产达到鼎盛。在高冈工厂中，三条组装流水线以 65 秒一辆的速度推出新车，年产 85.6 万辆。也正是从这一年开始，丰田轿车每年生产总量均超过 300 万辆。

然而，在丰田雄心勃勃进一步扩张在美国市场的经营规模时，美国贸易保护主义的各种阻挠措施接踵而来。先是哥伦比亚广播公司以"丰田入侵"为题的专题节目，把底特律的停滞和丰田的繁荣兴旺做了详细对比报道，让美国公众认为，美国汽车业甚至整个美国经济的萧条都与丰田等日本汽车的大举进入有关。那段时间，底特律的市民对日本货"同仇敌忾"。如果不幸有一辆日本汽车开进底特律，那部车子必然遭到砸烂烧毁的命运。接着，克莱斯勒和福特两家公司联合向国际贸易委员会正式提出对日本的反倾销诉讼，指控"丰田向美国市场倾销汽车"。美国参议院和国会也要求政府限制日本车的进口。

日本政府在谈判之后被迫同意限制日本出口到美国的汽车数量，1981年日本对美国出口汽车数量限制为 168 万辆，1982 年限制为 193 万辆。在这一背景下，丰田公司出口汽车到美国市场的计划遭受重大打击。直到后来，由于当时的通用等美国汽车公司缺乏竞争力、汽车设计陈旧、企业负担沉重，而丰田却有着高效管理系统和锐意创新能力，并且通过在美国建厂投产来绕过壁垒，丰田最终得以小心翼翼地在美国市场上东山再起，赢得巨大市场份额。

第二章 | 中外企业遭遇跨国经营风险的主要形态

中外企业面临的跨国经营风险尽管有所差异，但在很多方面仍有不少共性。中外企业都面临着政治风险、法律风险、社会风险和金融风险等传统型跨国经营风险，也都面临来自恐怖主义等事件造成的非传统安全风险。此外，中国企业也在行业和东道国等方面面临一些特殊的风险。

第一节　传统型跨国经营风险

传统型跨国经营风险是最为常见的一些跨国经营风险，大致上包括政治风险、法律风险、社会风险、金融风险等主要形态。我们分别来了解一下中国企业遭遇这些风险形态的情况。

一、政治风险

政治风险是指在国际经济活动中，由于政治因素造成的经济损失风险。政治风险是海外投资最大、最不可预期的风险。政治风险的概念是与投资所在国主权行为相联系的，经营者又不能控制的风险。其具体的表现又有以下几种类型：

（一）国有化与蚕食式征收

这种风险是东道国政府对外资企业进行财产没收、征用的一种风险。在20世纪60年代至70年代，发展中国家曾经掀起国有化高潮，当时征收风险较为突出。80年代以后，征收风险已经大大降低。目前的发展趋势是各国政府为了发展经济而竞相吸引国际投资，在大多数建立了正常政治秩序的国家，这种"为渊驱鱼，为丛驱雀"的极端手段已经很少出现。近年来，很少看到有国家敢于冒天下之大不韪进行赤裸裸的财产没收或国有化，所以公开直接的征收风险基本上已经可以忽略不计。

尽管如此，在中国企业跨国经营中，蚕食式征用（creeping expropriation，又称间接征用）仍然是非常现实的风险，甚至有所上升。"蚕食式征用"是东道国政府和外国投资者在投资合同中事先约定，外国投资者在一定年限内，按一定比例分期将其股份逐步转让给东道国政府或国民，使东道国方所持股份达到51%以上，甚至100%。还有一些国家则是通过突击检查、高额罚款和额外征税、没收财物等措施，阻碍外国投资者有效控制、使用和处置本企业的财产，限制或实际上取消外国投资者的某些权利，从而构成事实上的征用行为。

由于极端的国有化风险容易被国际制裁和外资企业母国报复，一些东道国已经开始转用形式更隐蔽的蚕食式征用风险对外资企业进行财产剥夺。这方面的经历中国企业有很多，尤其是在拉美地区。2007年10月4日，厄瓜多尔总统科利亚签署了一项总统令，宣布即日起该国将原定与外国及私人石油企业的超额油价（原油价格上升至原协议中所规定之特定点以上）分成比例由50%提高到99%。这一规定让在拉美投资的中国石油企业深受其害。而这并非孤立现象。根据玻利维亚政府的法令，自2005年起日产量达1亿立方英尺天然气田的所得税将由原来的18%提高到82%。2006年3月，委内瑞拉政府宣布，新设合资公司的特许使用费由2004年底的16.7%上调至33.3%，并非2001年有关法律所规定的30%；所得税则由原先的34%上调至50%。

（二）战争与暴力

战争与暴力因素指东道国发生革命、战争和内乱，致使外国投资者资产遭受重大损失，甚至导致不能继续经营。这也是一种传统上非常极端的跨国经营风险，对企业造成的威胁很大，且企业无力处理。总的来说，战争和内乱风险主要发生在发展中国家，其中以中东及北非、南部非洲、拉美、印尼、俄罗斯为典型。在中东和北非地区，集中了宗教冲突、领土纠纷、族群矛盾、主权独立、资源争夺等造成的一系列的战争和内乱风险，其中包括阿以长期冲突、阿富汗战争、伊拉克战争、苏丹内战、索马里内战以及伊朗核问题等。这些战争和内乱将直接引起跨国企业在本地区投资项目的推迟、中断、甚至取消。另外，在部分东南亚及拉美、俄罗斯等地，由于政权不稳、宗教流派众多，国家分裂主义、民族主义、恐怖主义较为盛行，由此也给企业带来了很大的潜在的战争和内乱风险。

近年来，中国企业加大了走出去开发石油等自然资源的步伐。而对石油资源的争夺一直是引起冲突、导致战争扩大与升级的一个重要因素，所以这一风险对中国企业威胁也很大。许多国家都把石油看作关乎国家安全的大事，以至于当严重威胁发生时，政府会不惜使用武力来进行干涉和保护，以至于发生国家间的战争。中东、里海、北非地区就常常由于石油分布的不均衡性，发生国家间的摩擦。而战争一旦爆发，石油公司的巨额投资将会受到严重威胁。

战争与内乱是一种对企业的暴力干扰，在西方国家尽管政治稳定，不会有发展中国家那样剧烈的军事冲突带来的风险，但是对外来企业也可能发生暴力损害。从西班牙埃尔切火烧中国鞋城事件来看，西方国家并非不可能发生针对中国企业的政治性暴力事件，从而导致中国企业、国民资产和收入蒙受损失。虽然这些国家很少有战争、内乱，恐怖主义行为归根结底也只是极少数，但来自国际化商业竞争中的失利者（东道国厂商、工人和其他利益相关者）采取的过激行为，同样地会将中国企业推进难以应对的暴力旋涡。在一些发达国家尤其是西欧国家里，经济全球化的激烈竞争和自由流动使得保守的极右势力借助国内的利益受损者造势而在近年来不断抬头。以欧盟为例，扩大后的欧盟已成为中国最大的单一贸易伙伴，但近年来欧洲各地反对外来移民、反对欧洲一体化和单一货币的极右政党日益猖獗，德国的共和党、意大利的社会运动和民族联盟等政党都继承了法西斯的衣钵，德国人民联盟、法国国民阵线、意大利北方联盟、比利时弗拉芒集团等极右政党还取得了执政机会。西方国家中针对外来投资经营者的暴力行为从潜在风险转化为现实，往往离不开极右势力的煽动组织。据某些媒体报道，埃尔切事件背后就有西班牙右派政党煽动。所以，中国企业在西方国家尽管不会遭遇大动乱和战争这样的极端风险，但极右势力以及当地竞争失利者也会对中国企业构成暴力冲击的急剧风险。

（三）汇兑限制

汇兑限制是一种传统的政治风险。外汇管制是一国政府通过法令对国际结算和外汇买卖实行限制以控制商品进口、平衡国际收支和维持本国货币汇价的一种制度。东道国往往因国际收支困难而经常实行外汇管制，从而对外资企业构成了政治风险。

从第一次世界大战后古典金本位走向崩溃时起，外汇管制逐步流行于众多国家，甚至许多发达国家也很晚才开放资本项目。因此，从第一次世界大战至20世纪80年代，汇兑限制风险比较突出。20世纪80年代以来，在世界性金融自由化浪潮的冲击下，大多数国家逐步放开了外汇管制，汇兑限制风险相应日益降低。但在一些发展中国家仍然经常发生。20世纪90年代以来，一些发展中国家和某些转轨国家资本账户和国内资本市场发展过热，开放较快、较彻底，有的国家外债负担较重而金融危机频繁爆发，使得这些国家的外汇管制风险变得很高。

例如，拉美国家自20世纪80年代的债务危机以来，长期都潜藏着较高的金融风险，危机频发。从2002年七八月间开始，始于阿根廷的金融危机先后席卷乌拉圭、巴西、秘鲁、墨西哥、哥伦比亚、厄瓜多尔等国，在拉美素以金融体系健全、经济政策稳健而著称的智利也未能幸免。

中国企业在跨国经营中也遭到了许多汇兑限制上的风险，尤其是在拉美、非洲地区。拉美国家由于自然资源丰富，它们正日渐成为中国企业海外投资的热点。因此，中国企业不得不面对两难，在享受这些地区资源和市场的好处时，经常面临拉美国家作为货币／金融危机高发区带来的较高的外汇管制风险。

（四）政策变化和政府违约

在中国企业国际化进程中，有些东道国出现主要政党轮流执政、政权被推翻、政策缺乏连贯性等现象。东道国政策、法规的不连续使中国企业境外发展的空间和利益受到很大的影响。例如，俄罗斯近年来不断提高石油和木材的出口关税，导致中国投资俄罗斯木材及加工业的企业遭受很大损失。2012年4月5日，中国铝业拟出资10亿美元控股南戈壁的消息传出后，蒙古国内民族情绪躁动，迫使蒙古政府于2012年5月17日匆匆出台《战略投资法》，中止了先前被允许的多种外商投资方式，如不限制外商在蒙古设立分公司，仅须备案即可收购股权和矿产等。泰国新政府修订《外国人经商法》后，大约有1300家外资公司因此必须调整股份结构，许多中国在泰企业也因此遭受了巨大损失。

近年来，政府违约在发展中国家比较典型。一些发展中国家在政权更迭之后，对外资政策也会相应发生重大变化，甚至是180度的大转弯。特别是一些激进的民族主义者掌握政权之后，他们往往对于外国投资者采取敌视政策，认为外资是在掠夺他们的资源，使国家变得更加贫困。因此，他们往往会毁掉前任政府的正式承诺甚至书面合同，毁约令外国投资者损失惨重。在欧美，政府违约现象也有可能出现。由于执政党的更替，同样可能遭遇政府违约风险的发生。

新政府上台后往往对上届政府执政期间签署的合同多方刁难，甚至单方面中止上届政府签署生效并已实施的合同或协议，从而导致政府违约。虽然新政府的上台并不一定意味政府违约事实的发生，但考虑到政治实践，这同样给企业国际化发展带来较大的风险。

（五）禁止、限制外资准入与并购

近年来，中国企业的对外投资屡屡碰上东道国限制遭遇政治风险。这种风险在发达国家表现尤为突出。这几年西方国家普遍存在对中国的意识形态敌视，总有许多政客或社会势力宣扬"中国威胁论"。其中的典型案例是2011年中坤集团董事长黄怒波购买冰岛土地申请失败一事。该项投资旨在开发旅游项目，无论是单纯的购地还是后续的项目建设，都属于中国民企在冰岛的商业投资行为，且在项目启动之初曾得到冰岛有关部门甚至总统本人的大力支持。但进入2011年11月后，一次冰岛内阁会议将该项商业投资行为解读为政治行为，冰岛政府以中坤集团不具备冰岛政府特批其购地申请的所需条件为由正式拒绝了该项投资申请。由于对中国公司存在固有偏见，认为中国企业在经营过程中是在执行国家意志，由此可能会给东道国自身的安全带来威胁，使得西方国家的许多政治势力总是对中国企业的投资并购进行政治阻挠，由此导致中国企业在欧美国家遭遇较大的禁止、限制准入或并购风险。2016年，中国企业在欧美等发达国家投资频频受阻。例如，对先正达并购案的审查持续时间长达一年半，延期多达6次；中国企业对美国西部数据、仙童半导体公司的并购接连遭受美国外资投资委员会的否决；澳大利亚农场和电网收购项目也以涉及"国家安全"为由被澳大利亚政府否决。东道国准入审查风险已经成为中国企业国外并购面临的主要风险之一。其中，对中国投资者的影响，主要表现在新增了两方面的限制政策：一是提高了战略性行业的投资准入条件。例如，澳大利亚、美国等国家提高了农业、电力、化工、通信行业政府审查强度，这些都是中国企业原本具有相对优势的行业。二是加强了对外资的国家安全审查。国家安全审查机制通常具有不透明程度高、缺乏可预测性等特点，主要取决于东道国行政部门的自由裁量。例如，美国以国家作为划分国家安全风险的依据，加大了中国投资"泛政治化"的可能性，投资受阻概率大大上升。安全审查机制为投资保护主义留下空间，还可能被东道国政府当作采取征收手段或违约等不利于投资者行为的辩词。

在美国，有人认为中国是美国最大的竞争对手，对来自中国的跨国企业很敏感，尤其以跨国公司并购为典型。他们认为来自中国的跨国能源投资以及高科技公司在美国并购是在威胁美国的安全，于是经常推动政府以国家经济安全的名义进行干预。美国因此发生了好几起以国家安全为由干预中国企业正常的投资商业行为的事件。例如，2003 年美国海外投资委员会（CFIUS）和联邦调查局以香港和记黄埔公司与中国政府有关，因而可能对美国的国家安全构成威胁为由，反对其并购美国环球电讯公司。2005 年中海油斥资 185 亿美元收购美国第八大石油公司尤尼科，但因国会的阻挠而失败。2005 年联想集团宣布以 17.5 亿美元并购 IBM 公司个人电脑（PC）业务，但因为 CFIUS 担心这一并购行为有可能危及美国的国家安全而被迫接受延期调查。在并购行为结束后，美国国会议员理查德·达马托又向国会提议审查联想计算机的信息安全，使联想的业务发展受到很大的制约。

在欧洲，部分政府也严格限定甚至禁止中国企业对其企业的并购。例如，英国相关监管部门正在加大对中国投资者的审查力度。伴随着英国新的资产投资法案（Transparency Laws）的实施，中国企业自身透明度问题将使其在英国的投资面临更多监管和审查。2017 年 7 月 12 日，德国联邦内阁会议通过了对《对外经济法》实施条例的修订，新规主要针对非欧盟国家。如果这些国家企业想要收购一家德国公司超过 25% 的股权，且涉及"关键基础设施"领域的运营，德国联邦经济事务与能源部将对此类收购进行国家安全审查，并有权否决相关交易或对其提出限制条件。其"关键基础设施"领域包括电网、供电和供水行业的软件公司，以及银行、电信网络、医院、机场和车站的软件供应商。

在部分发展中国家，出现了强化"本土化"政策的要求。例如，非洲国家津巴布韦在 2016 年一季度末通过决议，要求未能达到本土化要求的外资企业在一季度末前提交本土化实施计划，否则会将至少 51% 的企业股权收归国有。

由此可以看出，在国际化进程中遭遇东道国政府因国际政治原因而实施的限制性干预对中国企业已经变成了家常便饭。只要中国所处的国际政治经济环境不发生大的变化，这种风险将成为中国企业跨国发展的一大障碍。

（六）第三国干预

第三国干预风险可以划分为两类：第一类是第三国政府直接采取制裁措施的风险，这种风险目前主要来自美国，企业如果与伊朗、苏丹、朝鲜等国开展经贸往来，就有可能面临这项风险。其潜在损失包括无法进入美国市场、不能在美国融资、企业高层管理人员不得进入美国，等等。当初中石油筹备海外上市赴纽约路演时，美国一些政治势力致函各大投资基金，以中石油在苏丹开发石油为由要求基金经理们抵制中石油，并在美国国会提出了正式的议案。尽管美国的《赫尔姆斯 – 伯顿法》和《伯德法》受到了世界绝大多数国家的抵制，但只要美国作为世界唯一超级大国的地位不变，美国的这种行为就不会停止。未来欧盟也有可能借口"人权高于主权"而对别国企业实施这种威胁。

第二类第三国干预风险并非由第三国直接采取制裁行动，而是在第三国干预行为的压力或引诱下，东道国政府违约的风险。例如，由于日本参与，中俄石油管道工程方案多次反复，中石油在安大线上的前期投入全部落空，且损害了中国的能源战略。此即这一风险的典型案例。

二、法律风险

法律风险是指企业在海外经营发生不合规情况而遭受法律惩罚的风险。这种风险当然有部分属于企业和商人违规操作的类型，但更多的时候是因为企业不了解国外的法律而误犯，还有些则是东道国执法不当甚至故意借法律形式制造障碍而导致的。法律风险的表现形式没有政治风险那么直接和剧烈，它的人为干预性弱，不容易觉察，但造成的危害和损失常常并不亚于政治风险。中国企业由于对国外法律文化的不适应而频频出现法律风险。这是一个必须引起高度重视的跨国经营风险形态。

中国企业容易遭遇法律风险的原因既有主观的也有客观的。从主观上看，中国企业对法律的尊重习惯尚未充分建立起来，法律观念淡漠的大有人在。中国社会正处在过渡时期，尽管已经制定颁布了大量的法律，但法律体系仍然还需要时间健全；不仅如此，执法过程存在较大弹性，使得社会的法律意识还没有深刻建立起来。长期以来，中国社会就是一个人情社会，很多时候企业与个体都是更重视"关系"而不是法律。宽松的政府监管和不严的法律执行使得企业的法律防范意识还很缺乏。大型的国有企业在国内由于具有垄断地位，习惯于利用行政力量来实现和保护自己的利益。例如，中国石油企业长期以来在国家的重点保护下，在国内的长期垄断地位使得中国大型石油企业的领导者们并不看重企业的法律风险，国内的监管环境、政治环境和法治条件相对宽松，在这个环境下成长起来的中国石油企业难免先天不足。而没有优越地位的中小企业对待法律也是抱着不严肃的观念，它们总是想方设法逃避监督，铤而走险地以不合规的形式经营。这种不良法律习惯在大大小小的国内企业走出国门以后，就成了一个致命的风险来源。许多企业在海外遭遇法律风险就是因为把国内一些不合规范的做法带到了不同法律标准和严格程度的其他国家。例如，一些中国企业喜欢设两本账，一本是假的明账，另一本是内部账。这在中国由于监管不力，企业可能得逞。但是在西方国家的规定中，上市公司必须保证财务的公开透明，一旦查出假账就会重罚。中国就曾有某家电企业因为在海外上市被查出做假账，而被处以重罚。

另外，中国企业容易遭遇法律风险也是因为客观上进入到更复杂多样的法律环境后尚未适应。在国际上，各国的法律体系并不一样，跨国企业要熟悉这些不同的法律规定是需要巨大的时间和资金成本的。有的国家还存在执法不公的问题，甚至还有些是母国法律与东道国法律存在冲突的问题，这些都会使企业在不经意间陷入法律陷阱中。

西方发达国家法律的一些特点使得中国企业尤其容易触犯法律风险。在西方发达国家的法律中，存在三个不利于中国企业的特点：

第一是限制性强。西方发达国家普遍对企业经营进行了严格的法律限制，要求企业要符合规范。例如，美国在安然公司丑闻后，2002 年通过了一部《萨班斯—奥克斯利法案》（即 SOX 法案），更加严厉地要求在美上市的公司向公众提供透明的内部财务信息，杜绝财务欺诈。限制性强的另一个方面是西方国家的法律重视保护消费者、劳工等权益，而对企业则采取加重责任要求的强制规定。例如，在欧洲，企业雇佣当地员工后是不能随便解雇的，许多中国企业由于当地员工不像中国员工勤奋，雇佣成本又高，所以试图解雇他们，但是却发现解雇要提出"令人信服"的理由，而且掌握"令人信服"的尺度不在雇主，而在当地政府有关机构；解雇还要提前几个月通知，口头通知也不行。这些对企业不利的规定很多，使得被解雇的员工经常利用法律保护对企业进行诉讼，使企业付出大量的赔偿。总之，与国内情况不同，西方国家在环境保护、劳工、知识产权等方面的立法、执法都非常严格，违规成本非常高，法律对投资者的限制多于优惠。这是中国企业在跨国经营中屡屡感到难受不自在的原因。

2016 年 2 月，华润与华创求购美国仙童半导体、紫光股份收购西部数据、金沙江创投收购飞利浦旗下照明业务，均因为在 CFIUS 审查中遭遇障碍而夭折。同年，澳大利亚官员以"国家利益"为由，阻止了中国国家电网收购澳大利亚 Ausgrid 电网公司的交易。德国等欧洲国家也先后叫停了来自中国企业的设计技术性制造业企业的并购交易。2017 年 9 月，总部位于美国硅谷的中资企业凯桥（Canyon Bridge）试图收购美国芯片制造商 Lattice Semiconductor 时，被美国总统特朗普以国家安全为由否决。

专栏 2-1 CFIUS 在中企海外并购中频繁"出镜"

2016 年 11 月 18 日，美国外国投资委员会（CFIUS）告知德国半导体巨头爱思强公司（Aixtron），中国福建宏芯基金对该公司的收购存在尚未解决的美国国家安全担忧，建议双方放弃该交易。此前，在美国情报部门的压力下，德国经济部 10 月底撤销了对该交易的批准并重启审查。

近年来，从美国到欧洲，类似的情形不断发生。2016 年 1 月，CFIUS 以损害美国国家安全为由，否决了中国财团 Go Scale Capital 收购荷兰飞利浦公司旗下的 LED 和汽车照明组建生产商 Lumileds 的交易。4 月，澳大利亚政府以国家利益为由，否决了中国大康牧业收购澳最大肉牛企业基德曼的计划。8 月，澳政府又以国家安全为由，拒绝中国国家电网和长江基建拟获得新南威尔士州电网公司 50.4% 权益的 99 年租赁权的投资申请。中国美的集团同年收购德国工业机器人制造商库卡公司的大部分股份，尽管该收购最终完成，但是整个过程饱受争议，部分德国政治精英认为中国公司收购库卡将影响德国敏感工业和企业数据的安全。

CFIUS 是负责对在美国的外国投资、收购及兼并交易进行国家安全审查的联邦政府机构，由主要政府部门和情报机构的代表组成，如商务部、司法部、中央情报局等。CFIUS 拥有广泛权力，有权审查任何可能影响到美国国家安全的交易，并提出减轻这种影响的方式，或建议总统组织交易。2012—2014 年，CFIUS 共对 358 笔交易进行了审查，其中中国企业被审查数量最多，达到 68 笔。

CFIUS 不仅干预外国企业收购美国企业，还干预收购在美国有业务的外国企业。在法律上，美国政府不能禁止后一类型的收购案，但美国可以发出威胁，比如阻止外国企业进入美国市场等。2017 年 11 月，美国出台新的外商投资立法，将扩大 CFIUS 的权力，允许其评估规模较小的投资，并将新的国家安全因素（如曝光美国人的社会安全号）列入 CFIUS 的考虑范围。

此前已有不少中国企业迫于 CFIUS 的国家安全审查制度压力而最终放弃了交易。2005 年中海油收购优尼科公司受挫，华为于 2008 年和 2010 年两度收购美国企业失败，2016 年清华紫光收购西部数据夭折等，都是源于 CFIUS 的阻挠和反对。

除了美国，以德国为代表的欧洲国家对中国投资也加大了戒备和限制。目前，德国经济部正努力推动欧盟层面修改法律，强化对外商投资的审查，以便成员国政府在特定情况下有权阻止非欧盟资本收购本国企业。德国经济部列举了四种应该被禁止的收购情形：第一，该投资系外国政府产业政策引导；第二，收购方享受国家财政补贴；第三，收购方为外国国有企业；第四，投资方所属国家限制外商投资。

第二是法律条文繁复。世界各国的法律大致上有两类，一类是大陆法系，它是一种由成文法规构成的无所不包的法律体系。中国法律尽管也属于大陆法系，但是在构成和条文规定上与西欧的法德等国家相差很大，中国法律建设也并不健全，许多事情上还缺乏细则可依。但是在法国、德国这样的国家，相反是法律规定太多，有法搞不清。中国投资者在当地常被早先忽略的法律问题弄得进退两难。例如，几年前一家国内企业想去法国海外领地圭亚那做森林项目，那里的热带雨林树木茂盛。但是汇出资金后才发现当地对森林砍伐的限制颇多，根本无法满足政府这些条件。结果项目没办法继续，而资金已汇出来了，它们只好承受损失另寻项目。TCL并购汤姆逊失败的著名案例中，一个重要的因素就是TCL没有仔细研究法国的《劳动法》，对法国员工裁人时，TCL才发现不能随便裁，结果付出了高昂的成本。

而与大陆法系并行的另一类基本法律体系——英美普通法系则更是中国企业难以适应的。普通法系在世界上分布广，且多数国家经济水平高，英美更是在世界上处于领先地位。但是普通法系属于判例法，很多并非成文规定，尤其是在英国。这就造成了对中国企业而言迷宫一般的法律体系。按照一些投资者的经历，英国法律比较复杂，不易弄懂，非专业人士就算在英国做了十多年贸易，也感到只是"一知半解"。这种情况必然令中国企业举步维艰，一个小心就掉入法律陷阱。例如，中国企业在与英国商人做交易时，可能不了解必须在合同上加上"保护产权"条款，英国商人有意不写上这一条就等于设下了一个陷阱。因为这一法律条款规定，卖主的出口货物到达买主的仓库，只要货款一天没有打入卖主账上，这批货物还是属卖主所有。有的货物批量大、价值高，买主公司小，一旦宣布破产，破产管理人依法清算资产，这批货物就会遭封存，作为破产公司的资产处理。但如果合同上写明保护产权条款，这批产品就能与破产公司的资产分离，在它破产的情况下，也能照样拿回来，可以避免经济损失。所以，如果没有"保护产权"这个条款，中国企业就可能陷入英国商人的破产陷阱中。

第三是法律执行很严格。中国投资者在国内经常用走关系、托人情的方式来获得法律的弹性处理，以至化法律风险于无形。但是在西方国家，法治水平是很高的，任何对东道国法律法规的漠视行为都将受到严厉的处罚。

这些特点决定了中国企业在西方国家经营时很容易遇到法律风险。即使在非西方国家，如果不重视当地的法律，也会给中国企业带来很大的麻烦。例如，在一些国家，有些中国企业投资时没有经过正常的审批手续，以至于遇到"灰色清关"等问题时，无法求助于中国政府和使领馆；有些企业利用一些发展中国家社会腐败的国情，以为只要花钱同样可以在海外办事，于是不重视当地法律，甚至违法、违规经营，结果为日后发展留下隐患。

具体说来，在法律规定上，以下诸方面的内容可能会成为中国企业的风险根源：

（一）商品进出口规定

各国政府对商品进出口贸易都制定了多种法律、法令及规章制度，如关税制度、配额制度、许可证制度、外汇管理制度、特殊的国别政策等。这些规章制度直接影响每一个跨国公司进出口商品的数量、结构和地理方向。此外还有许多具体的规定，如商品技术标准、健康与卫生标准、包装与包装材料的规定等。例如：加拿大政府规定，进口的食品包装上必须用法文和英文二种文字标明品名、重量、所含成分、进口商及生产商的名称、地址等；美国、英国和日本政府规定，进口花生的黄曲霉素含量不能超过本国制定的标准；德国规定不允许用稻草作为商品包装材料。这类具体规定可谓多如牛毛，繁杂苛刻，不胜枚举。

还有一些国家政府制定了购买本国产品法，如美国、英国、日本等。英国政府规定，通信设备、电子计算机等产品必须向本国公司购买；日本政府规定，政府机构所需要的办公设备、汽车、计算机、电缆、机床等产品，不得向外国公司购买；印度政府规定，只要国内能制造的产品，一律禁止进口成品，如彩电、冰箱、汽车等。

另外，有些国家严格限制经营进出口贸易的组织机构和经营范围。例如在斯里兰卡、坦桑尼亚等国家，只有经过政府授权的企业才能直接从事商品进出口贸易，没有政府授权一律不许从事外贸活动。所有这些有关进出口方面的法律规定，都会影响跨国公司的涉外经济活动的正常进行。

（二）产品商标及专利权规定

企业在国外市场所使用的产品商标若要得到当地法律的保护，就必须向有关机构登记注册。大多数国家都制定有商标法和专利法，以保障正常的商业活动，维护生产者和消费者双方的权益。但是，这些法律规定的具体含义与实施方法在不同国家并不完全相同，而且可能会有较大的区别。例如在美国，商标的所有权属于最先使用者；而在德国，商标所有权属于最先注册者。这种区别是跨国公司应特别加以注意的，否则就可能招致损失。例如，中国北京某企业所产的"五星"牌啤酒在美国不能销售，因为当地已有人使用"五星"牌号；所以该产品出口在美国市场时只好改为"九星"牌，当然这就会给企业带来不必要的额外成本。

除了国家的有关规定外，还有一些国际性商标及专利规定，如《巴黎条约》《马德里协定》《维也纳商标注册条约》等。对这些规定，跨国公司也要予以分析和研究，掌握其内涵及其实施方式。

（三）投资方面的规定

投资法是政府对投资活动进行调节与控制的重要法律文件，它规定了投资方向、范围、形式、税收以及各种鼓励或限制性措施。政府对外商投资的规定很多，即使在开放度极高的美国，也禁止外商在国防、通讯、广播电视等行业进行投资。尽管许多发展中国家欢迎外商投资，但是在企业所有权、投资方向、投资方式、产品销售、外汇使用、税收等方面都存在许多限制性规定。

（四）价格管理条例

许多国家政府对商品价格实行管制政策，对一些商品规定最高或最低限价，如公用产品价格、重要原料价格、药品价格等。政府甚至冻结所有物价，英国、美国、日本以及一些发展中国家都曾采用过这种强硬措施。另外还有不少西方发达国家制定有反倾销法、反托拉斯法，以保护企业公平竞争，防止市场垄断。对价格实行的这类管制措施，对跨国企业的正常生产经营会造成直接影响。

（五）广告法律规定

进行广告宣传是跨国公司促进销售活动的重要工具。在东道国市场进行广告宣传，必然要受到当地广告法律规定的约束。目前，绝大部分国家都定有广告法，对广告的方式、内容、时间、语言等都有明确的规定。例如对电视广告，各国的限制都比较多。表2-1列出一些国家的具体限制内容，以供分析参考：

表 2-1　一些国家对广告宣传内容的法律限制

国　家	广告宣传限制的内容
奥地利	禁止播放香烟和烈性酒的广告，对食品、药品、儿童用品的广告进行限制
澳大利亚	禁止播放香烟广告
巴西	晚上九点以前禁止播放香烟和酒类的广告
加拿大	禁止播放香烟和液体饮料的广告，对啤酒和儿童用品的广告实行限制
瑞士	禁止播放香烟、酒类、药品、政治性和宗教性的广告
德国	禁止播放香烟、麻醉药品、儿童用品以及宗教和慈善性的广告，限制广告收费标准和广告播放时间

续表

国　家	广告宣传限制的内容
爱尔兰	禁止播放烟草、避孕药具、宗教性和政治性的广告
法国	禁止播放人造黄油、健美产品、烟草制品的广告
英国	禁止播放香烟、避孕药具、政治性、宗教性及慈善性的广告
意大利	禁止播放首饰、裘皮服装、香烟、报纸、杂志、医院的广告
日本	禁止使用夸张的语言，不许使用色情镜头或画面，不许使用对消费者有侵犯意义的语言
荷兰	禁止播放烟草、农药、糖果、烈性酒、政治性及宗教性的广告
阿根廷	禁止使用外语和俚语，禁止在广告中使用国家的标志物
美国	禁止播放烟草、避孕药具、算命用具的广告
新西兰	禁止播放香烟、妇女卫生用品、避孕药具及政治性广告
比利时	禁止任何商业广告
瑞典	禁止任何商业广告
南非	禁止播放烈性酒、葡萄酒、啤酒、香烟的广告，星期日不准播放任何广告

（六）产品责任法和环境保护法

许多国家的法律规定，生产者和销售者因其产品的缺陷而造成买主（用户）的人身或财产损害，应承担赔偿责任。属于产品责任的法规名目繁多，例如，在美国，与此有关的有《联邦食品药物法》《食品药物和化妆品法》《包装标签法》《玩具安全法》《消费品安全法》等。保护环境的法律在发达国家比较严厉，限制较多，处罚较重，故企业在产品的设计、性能、包装、使用说明等诸方面都须注意，以免触犯这方面的法律。例如，美国的《防污染法》要求汽车必须有防污染装置，并达到规定的排污控制标准，才能进口。欧盟各国是按汽车发动机的规格来征税，所以向西欧出口汽车时必须考虑这些因素。

美国的产品责任法比较严厉，产品进入美国市场时应考虑到投保产品责任险以资保障。例如1980年美国纽约州发生的玩具手枪案，就是一起小孩使用连发玩具手枪，所穿棉衣因此着火致使小孩烧伤而引起的诉讼。因为玩具厂的这则广告上有"绝对安全"的字句，法庭据此认为：生产者的广告不实，而判决其应负损害赔偿的责任。在美国的伊利诺伊州还有过一个有趣的案例：一辆汽车因轮胎炸裂而抛锚，司机当时没有千斤顶，只好用金属梯子将车顶起来。结果梯子断了，压坏了司机的腿，梯子生产者因此而被起诉。因为该厂的广告上用了一只大象坐在这种梯子上，以显示梯子的质量。法官认为大象显然比汽车重，确认受害者是误信广告宣传，因而判决梯子生产厂家应负赔偿责任。

欧盟各国的产品责任法原比美国宽松，但近期经几次修订后，变得比美国更严厉。例如，美国法律要求原告举证产品离开生产者之手时是有缺陷的；而欧盟法律要求生产者举证产品在脱手时是没有缺陷的。在欧盟，判决由法官而非陪审团做出，并由败诉的一方负担诉讼费，这意味着生产商或经销商须为胜诉的用户支付全部诉讼费；而在美国，为胜诉方支付的律师费用只相当于损害赔偿金的一定百分比。

（七）外汇管制

外汇管制是指一国政府为平衡国际收支和维持本国货币汇率而对外汇交易实行的限制性措施。外汇管制分为数量管制和成本管制。数量管制是指国家外汇管理机构对外汇买卖的数量直接进行限制和分配，成本管制是国家外汇管理机构对外汇买卖实行复汇率制，利用外汇买卖成本的差异，调节进口商品结构。在许多外汇短缺的国家，政府对外汇的兑换、分配和使用进行严格的管理，以影响进出口贸易和国际资本流动。例如，东道国政府不允许企业自由地获取外汇，这就会限制或阻止本国企业购买外国公司的设备和产品。又如，在东道国的子公司不能将当地货币转换为外汇，因此它就无法将其实现的利润返回母公司。在跨国生产经营实践中，外汇管制会给公司投资经营造成许多不便（见表2-2）。

表 2-2 2015 年以来中亚五国外汇管制主要措施

国家名称	过往外汇管制情况	对私限制措施	对公限制措施
哈萨克斯坦	宽松	降低个人兑换外汇业务需要提供身份证明资料的金额下限，将自然人购买外汇业务需要出示身份证明的标准由等额 200 万坚戈以上降低至等额 100 万坚戈以上 禁止境内居民个人办理货物贸易项下的境外汇款 加大对居民个人携带外币现钞出境的管理力度	要求银行加强对企业购汇业务的实需审核力度，对单笔 10 万美元以上的外汇兑换，要求审核合同正副本等单证，且合同必须经银行指定的公证机关公证 强化银行需严格遵守原每笔汇款向央行报备的规定 大幅收紧进口免报关申报及免税政策
吉尔吉斯斯坦	较为宽松	规定个人每月购汇限额控制在 10 万美元以内，超过规定额度个人需补缴高额税款或罚款 从 2016 年开始，要求个人缴纳社会保障金 15000 索姆以上，才能在银行开立个人账户并用于外汇买卖 规定个人禁止携带大额美元现钞出境，凡发现携带大额美元现钞出境者均采取没收处理	要求银行办理对公大额购汇的客户仅限于与该国建立较好合作关系的企业（名单由吉国政府掌握） 对于其他未建立友好关系的企业，根据汇款金额的大小，采取拖延汇款、拆分汇款、拒绝汇款甚至国家安全部门介入企业真实性调查等多种方式，严控美元外汇流出
乌兹别克斯坦	较为严格	规定每人每季度仅允许按官方汇率用本国货币兑换一次美元，金额不超过 2000 美元，且兑换外汇仅允许在国外使用	允许企业在当地设立外汇账户后可以汇进汇出，但从严要求企业外贸合同的事前备案审批手续，且对外兑换支付需要银行配额和提前预约 限制货币兑换必须在乌银行办理，其他银行暂时不能受理货币兑换和外汇业务

续表

国家名称	过往外汇管制情况	对私限制措施	对公限制措施
塔吉克斯坦	较为严格	关停所有非银行系统的外币兑换点，规定外币交易只能在银行系统分支机构和借贷机构总部进行	控制每天向商业银行售出规模来调节外汇市场，严格限制商业银行投机买卖外汇，一经查处将严处直至吊销执照
土库曼斯坦	极为严格	2015 年 8 月起，限制居民购买外汇规模由此前每人每天不超过 1000 美元调整至每人每月购买外汇不得超过 1000 美元 10 月中旬，调整个人年购汇上限为 8000 美元 12 月起，规定其首都阿什哈巴德只能凭政府发放的购买券购买美元和欧元外汇	与以往相比无明显变化

资料来源：中国驻中亚五国参赞处网站信息

（八）税收法律

各国税收法律的不同主要体现在税收种类、税收水平、税收内容的复杂性、税收执法严格程度等方面。例如，目前世界上像美国、德国等一些发达资本主义国家税收种类多，内容复杂，税率高，执法严厉；而一些发展中国家和小国则情况相反。

跨国公司是在母国注册的经济实体，其子公司和附属机构又分散在其他国家，这就牵涉到国家之间的税收分配关系，并由此而产生出一系列国际税收的法律问题。这些问题是一国政府单方面通过国内立法不能解决的。例如，国际税收管辖权的冲突、避免双重征税的国际协调，以及防止纳税人的国际逃税等问题，都需要国家之间的合作才能解决。目前，双边或多边的国际税收协定形式多样，内容各异。就国际双边税收协定的条款而言，其主要内容是，避免国际双边税收，消除税收差别待遇，相互合作以防国际逃税漏税，签约国主动交换税务情报等。在跨国经营中，公司必须了解和尊重有关国际税收协定的各项条款，以免因违反国际税收协定而受到惩罚。除了税法的差异，尽管大部分国家使用国际会计准则，但也有不少国家要求在纳税申报时使用当地会计准则，各国在税前成本扣除方面也有不同规定。因此，财务会计和税务会计的差异比较大。走出去企业的财务人员在当地进行纳税调整时需注意这些差异要点，以减少纳税调整风险。资金往来方面的税务风险环节也应当注意。由于各国税法对于资金利息税前列支标准有不同规定，如资本弱化标准、利息费用资本化和费用化问题等。当资金往来跨国时，一旦需要偿还利息，还要支付利息预提税。对于工程类、技术服务类合同，不少国家还要求使用当地货币作为合同结算货币，这种情况下，若当地货币贬值就会直接影响项目利润。具体的经营行为上，还需区分流转税环节和所得税环节。大部分国家有增值税制度，有些国家有增值税退税规定。在所得税环节，各国所得税税率不同，预缴比例也不一样。哈萨克斯坦还有超额利润税规定，在所得税缴纳完毕后，再根据总收入和总支出的一定比例征收。

除此之外，东道国在劳工、知识产权、健康保险等方面的立法，对企业跨国投资和经营都会发生直接的影响，而且变得日益显著。

以上是一般性风险源。从最近几年中国跨国企业具体经历来看，中国企业在法律风险上的遭遇存在以下几个突出的问题：

一是在品牌保护上出现的法律风险。由于海外经营历史较短，不熟悉国际市场规则，中国企业大多缺乏自有品牌的法律保护意识。例如，在一次对中国最具价值的50个品牌调查中发现，只有联想、美的、中远等少数几家企业在美国、澳大利亚、欧盟等国家和地区全部申请了商标注册。品牌保护意识的缺失，使得中国企业在开拓国际市场过程中常常遭遇各种各样的品牌风险。一是商标被抢注风险。如"青岛啤酒""阿诗玛"等知名品牌纷纷在境外被抢注，海信公司的HiSense商标被德国西门子公司抢注后还曾被索要高达4000万欧元的品牌"转让"费。二是品牌被冒用风险。如中国台湾的一些不法厂商假冒KONKA品牌制造假冒伪劣产品，既侵害了康佳品牌的合法权益，又破坏了KONKA品牌在国际市场消费者心目中的良好形象。

二是跨国并购中遭遇法律风险的情形很普遍。在并购操作前的评估阶段，部分企业低估了可能遇到的风险，没有认识到潜在法律问题的广泛性和复杂性，应对方案不完善，以致在并购过程中遇到问题不能及时做出有效反应。这已经导致了多个并购失败案例。例如，中化国际曾经拟以5.6亿美元独资收购韩国仁川炼油公司，在签署的排他性的谅解备忘录中，中方以大局为重，没有意识到应该增加附加条款，以便用法律手段限制对方再提价。结果该公司的最大债权人美国花旗银行在债权人会议上提出要抬价至8.5亿美元，超出了中化集团的承受能力，最终导致了并购失败。

三是经常被东道国以法规标准阻拦产品和劳工进入。20世纪90年代以来，以西方国家为首，许多国家改变了过去的关税壁垒，改而运用环境、技术、卫生、劳工等法规标准堂而皇之地进行贸易保护。中国产品和人员在西方国家经常遭遇这种以法规形式出现的限制。在欧盟，非关税壁垒几乎涉及所有中国出口品，从工业制成品到农产品。西方国家的非关税壁垒技术复杂，隐蔽性强，影响面又广，已经成为制约中国产品出口的长期障碍。

由此我们看到，一些法律风险其实是由政治风险转化而来的，这是一种更加"文明"、隐蔽和狡猾的政治风险。表面上公正客观的法律规定，实际上贯彻的是东道国政府运用法律进行间接干预的目的。

需要强调的是，法律风险是中国企业在海外经营过程中日常遭遇的风险，随时都可能发生，并且可能因某个员工、具体事务等就发生企业的整体法律风险。法律风险一旦发生，就会对企业造成财务和社会声誉上的损失。甚至，一些法律风险还将企业的负责人或员工置于判刑监禁的境地。例如，SOX法案的302条款和404条款对在美国上市的公司有严格限制。在302条款中，要求公司首席执行官和首席财务官签署季度和年度报告，并明确了他们对建立和维护公司的内部控制负责，并要了解公司所有重大信息，在定期报告中发布内部控制设计和执行有效性的结论，向审计师和审计委员会报告所有重大缺陷等具体责任。而在404条款中，进一步要求他们对与财务报告相关的内部控制有效性进行评估，并出具管理层的自我评估报告。对于这些规定，企业管理层如果违反法案的规定，管理者本人将面临刑事诉讼。若是认证失实的财务报告，将面临100万美元罚款或／和10年监禁；若是故意认证虚假的报表，则面临500万美元罚款或／和20年监禁。

法律风险的危害是不能轻视的，甚至它还包括对人身权利的剥夺。事实上，曾有中国某公司在海外证券市场上违规操作，公司领导人因此受到了起诉，被当地法律判刑，造成非常麻烦的局面。

三、社会风险

当代跨国经营风险相较西方发达国家跨国公司60年代遭遇的国有化等风险相比，一个重大变化是风险来源已经高度分散，除了政府的干预外，东道国社会内部的力量也构成了外资企业的重要风险来源。社会风险是指来自于东道国非政府方面并对外国企业可能构成价值损害的社会行为。受经济、政治、文化、宗教、风俗等各种因素的影响，从事跨国经营活动的外国企业，常常遇到来自东道国民间的非政府组织（如工会、商会等）的排挤和抵制，而这种排挤和抵制有时是以民主的方式（如议会表决）出现，有时也表现为游行、骚扰甚至暴力等手段，从而构成对外国企业的正常经营的滋扰。

在经济全球化的形势下，出于经济利益的冲突，东道国国内以行业协会、工会为代表的社会组织，往往对外来的投资经营者进行抵制或排斥。他们往往认为，正是有了外资的进入才导致本国企业经营困难和工人失业，因此采取各种合法乃至非法的手段排挤外资企业，并向本国政府施加压力，推动实施保护本国企业的投资与贸易政策。而出于拉拢民众的需要，东道国政府往往会对本国社会的这种滋扰行为予以偏袒，甚至是公开的支持。尤其是这种社会风险一旦导致政府相关政策的变化，就可能使外资企业失去政府的保护伞，从而面临更大的经营压力。

可以说，一国社会力量的活跃度是决定其跨国经营风险高低的基础，而这又与东道国政府的政治集权程度相关。这就造成了在所谓民主的国家里，由于有更多的活动空间和更活跃的多元力量，社会风险程度要比对社会进行严厉管制的政治集权国家更高。所以与习惯的观点相反，与发展中国家相比，发达国家的社会风险往往要更大一些。而且，发达国家作为国际贸易与投资的主体，这些国家存在的社会风险对世界经济产生的负面影响要比发展中国家大得多。原因在于发达国家政治体制一般都具有多元主义的特征，为社会上的工会、商会等留下了更多的活动空间和更大的活动资源，这使得西方国家的此类社会或经济组织有着更大的影响力，而其中许多组织又由于迎合当地民众而具有更多贸易与投资保护主义倾向。他们总是简单地将失业和经济萧条归咎于外来者，号召或限制或反对外来移民与投资。不言而喻，在这种日益增长的社会风险面前，外资企业的经营状况将面临越来越多的困难。在发达国家曾有许多社会风险的例子。例如，2001年2月，全球化的标志企业麦当劳在法国的许多连锁店受到了反全球化运动组织的袭击，麦当劳被捣毁二十多家快餐店。

中国企业在社会风险的遭遇方面最突出的问题有两个：一个是劳资对抗，另一个是民族主义排斥。

（一）劳资对抗

劳资冲突是中国企业在海外经常遭遇的一种政治风险。由于中国国内劳动力市场总体供过于求，现行干部考核体制在发生劳资纠纷时更倾向于资方，且政府行动能力强大，故目前中国国内资方力量略占优势。也正因此，中国企业管理层普遍缺乏在不同环境下处理劳工权益问题的经验，这就造成中国企业在跨国经营中，由劳工权益问题引起的暴力风险日益加剧。

中国企业遇到的由于劳工权益问题引起政治暴力行为的风险较高，其中又以下面两类项目的风险最为突出：

1. 在一些法制不甚健全的发展中国家投资的资源开发型项目。在目前和今后相当一段时期内，采掘业占中国对外直接投资的比重较高，大型投资项目中采掘业项目尤多。员工多的企业发生工潮的概率本来就相对较高，采掘业从业人员又普遍性情剽悍，发生工潮的概率更高。首钢秘鲁铁矿股份有限公司（下文简称"首钢秘铁公司"）自建立不久便陷入劳资纠纷困扰。从1992年首钢决定收购该矿至2003年，该矿年产量从300万吨上升到500万吨，年均增长不过4.75%，在可采资源丰富且中国国内目标市场需求旺盛的情况下，首钢秘铁公司产量增长如此缓慢，在相当程度上系劳资纠纷所致。

2. 在一些平均收入水平高于中国并实现了民主化的新兴工业化经济体的制造业投资项目，尤其是并购投资项目。之所以如此，首先是因为这类经济体与中国的竞争关系比较明显，工人更担心生产向中国转移而减少他们的就业机会；其次是工人担心他们的收入水平降低；最后是这类国家实行民主体制不久，尚未形成类似欧美成熟的社会各阶层相互制衡机制，其国民行使民主权利的热情高涨而履行义务的意识相对淡漠，容易形成极端的群体性行为。典型如韩国，韩国参加工会的劳动者占比不过11.4%，明显低于美国、日本等发达国家，因罢工而损失的工作日却明显高于发达国家。据韩国银行下属金融经济研究院统计，2000—2002年间，韩国平均每1000名劳动者损失的工作日数为111天，日本和瑞典为1天，德国为3天，美国、英国也不足韩国的一半。中国企业也吃过韩国工会的苦头，从京东方到上汽集团都有这方面的经历。最典型的是上海汽车工业集团总公司收购韩国双龙汽车公司的过程，期间双龙的工会成为了上汽集团非常头痛的障碍。

（二）民族主义排斥

中国企业在海外需要重视的另一种风险是民族主义。大体上，对跨国公司不利的体现民族主义的一般性政策措施主要有：（1）当地资本股份在股份结构中占一定比重的要求；（2）企业零部件或工序当地化占比要求；（3）限制或禁止跨国公司在某些产业或部门投资经营；（4）政府优先采购国货；（5）不允许子公司兼并当地企业；（6）对外籍职工人数和类别进行限制；（7）剥夺子公司的所有权或征收子公司的财产。

近年来，中国企业由于经济及商业矛盾、宗教冲突等原因，在一些地区遭遇了极端民族主义的排斥冲击。民族主义风险的产生是由于语言交流障碍、风俗习惯不同、文化传统有别等因素的影响，加之中国企业跨国经营目标常常局限在短期"利润最大化"，一般不愿雇佣当地员工、不在东道国寻求企业利益代言人、不搭建本土化的公共关系，大多只追求纯粹的经济利益，很少实施本土化经营战略。这样的海外投资企业很难得到当地政府和公众的认同，也就很容易引起"排华"情绪，导致民族主义风险。如2017年4月，在印度社交媒体上，抵制中国货的言行再次被贴上"爱国主义"标签，一些城市公开出现烧毁中国商品的行为。印度右翼组织"阿希尔印度教大会"秘书长卡卡迪亚表示，该组织已经开始在印度古吉拉特邦的苏达马地区公开烧毁中国商品。除了"阿希尔印度教大会"，随着印度"兄弟姐妹节"将近，一群印度青年组织成员正在号召民众不要购买中国产的手链及饰品。这次抵制中国货行动源于中印在边境上的对峙。上一次大规模抵制中国商品源于2016年9月中国在联合国会议上没有支持将巴基斯坦恐怖分子马苏德列入全球反恐名单。

东亚地区许多国家都有强烈的民族主义特征，中国是它们针对的一个对象，原因是历史上中国在东亚地区有支配性的影响力，这些国家都对中国怀有一种历史性的恐惧感和戒心。另外，华人在东南亚国家的现代社会中又现实地占据了很重要的地位和影响。这就容易使中国在这些地区经营的企业受到当地民族主义的排斥或侵害。在东南亚国家中，印度尼西亚尤其是一个有排华传统的国家，从独立以来五十多年里，排华活动没有间断过，是排华情绪最严重的国家。菲律宾同样是一个反华排华情绪较强烈的国家。

在欧洲，近几年的排外风潮也导致华人开始成为被攻击目标，特别是在法国、西班牙、意大利等华人集中居住经商的地方。由于经商习惯及文化的不同，华人的成功往往招致当地人的忌恨，因此导致华商在欧洲受排斥的事件相应增多。在美国、日本、韩国、俄罗斯、南非、拉美等国家，同样存在一股力量较强大的反华排华势力。因此，在中国企业的国际化进程中，这类反华排华势力是中国企业在这些国家的正常经营的潜在的风险。

四、经济金融风险

全球化是一把双刃剑，既是机遇，但也带来不少问题，特别在金融方面。随着经济全球化的发展，出现了空前的资本自由流动和金融产品的大量创造，这对于各国的金融管制而言是一个巨大的挑战，存在很大隐患。尤其是发展中国家，对于金融危机的防范能力还是比较弱，或者说这类防范机制严重滞后。近年来，金融危机从来没有间断过，并且危及不止一个国家。在发生金融危机的东道国内，跨国企业往往首当其冲地遭受危害。危机造成受害国金融动荡、货币大幅贬值，严重影响其支付能力，进而对相关企业造成巨大损失。

金融风险是指在金融活动中出现的风险，具体到企业金融风险，就是指企业在从事金融活动时，由于汇率、利率和证券价格等基础金融变量在一定时间内发生非预期的变化，从而蒙受经济损失的可能性。从风险的构成要素来看，企业金融风险的因素是企业从事金融活动，风险事件是汇率、利率和证券价格等基础金融变量发生非预期的变化，风险结果是企业蒙受经济损失的可能性，即实际收益少于预期收益或实际成本超过预期成本的可能性。金融风险由于是金融市场基础金融变量的变化所引起的风险，因而并非由企业自身决策所决定的，而是企业外部的一种客观存在。其中的汇率风险一般是指大范围变动的市场风险。

金融风险有多种分类方法，理论上可分为宏观金融风险和微观金融风险。这两者在风险主体、形成机理、经济社会影响以及风险管理等方面都有明显的区别。宏观金融风险的主体是国家，或者说是整个社会公众，而微观金融风险的主体是微观机构。风险承受主体的不同，也就决定了二者具有不同的性质及应对方式。宏观金融风险属于公共风险，无疑需要政府来承担相应的责任；微观金融风险属于个体风险，自然要让市场主体来防范和化解。很显然，本文重点讨论的企业金融风险属于微观金融风险。

企业主要面临的金融风险包括汇率风险和金融投机风险。此外，企业面临的金融风险还可能有国际利率风险、筹资融资风险、国家债务风险，但这三种风险在中国企业所面临的金融风险中的比重很小。

（一）汇率风险

汇率风险，也称外汇风险，主要指在不同种类的货币相互兑换或折算时，由于汇率的变动而造成损失或收益的可能性。就企业面临的汇率风险而言，主要是由于对汇率避险工具了解不够和缺乏汇率风险管理的专门人才所导致。常见的汇率风险主要包括三类：交易风险、折算风险和经济风险。

1. 交易风险

交易风险指企业在其以外币计价的跨国交易中，因为签约日和履约日之间汇率变化产生的应收资产或应付债务的价值变动所引发的风险变化，主要体现为因汇率变动导致现金流量的变化而引起外汇损失的现象。引起交易风险的因素主要有两个方面：一是时差性，即外币结算事项交易发生时点至结清时点相差一定时间，对于交易双方来说，在此期间的汇率变动有可能产生损益；二是兑换性，即外币事项在收付实现时，将外币兑换为本国货币（或另一种外币）或将本国货币兑换为外币过程中发生的损益。总体而言，交易风险通常包括下述几种情形：一是已结交易风险。即以信用为基础延期付款的已结外币应收应付账款，因交易发生至实际结算期间的汇率已发生了变化而引起的风险。二是以外币计价的借贷款项在到期时，由于汇率可能发生变化而带来的风险。三是待履行的远期外汇合同的一方，在合同到期时由于外汇汇率的变化而可能发生的风险。严格地说，交易风险和折算风险存在一定程度的重叠。因为，公司资产负债表上的一些科目，如借贷款项和应收应付科目，已经包括折算风险的一部分。另外，与折算风险不同，交易风险会产生实际的外汇损益。随着跨国公司对外直接投资规模的扩大、投资进入国家的增多，计价货币出现多元化，伴随交易结算而进行的货币转换愈发频繁，交易风险对跨国公司现金流量和经营成果的影响也变得更为深刻复杂。

2. 折算风险

折算风险一般是指跨国公司在编制母公司与境外子公司合并财务报表时所导致的不同币种的相互折算中，因汇率在一定时间内发生非预期的变化，从而引起企业合并报表中各项资产、负债项目及收入与费用项目的价值产生波动而蒙受经济损失的可能性。事实上，折算风险导致的损益只是账面上的，只具有会计意义，与企业实际价值的损益并没有直接联系，只是反映企业会计账目价值的一种潜在风险。只有当子公司出售或者清算时，这些账目上的损益才会变成现实。

3. 经济风险

经济风险是指汇率变动时对公司未来非契约性的现金流量的影响，即汇率对公司将来的产销量、价格、成本等生产因素的影响，同时也影响到企业未来的利润和市场价值。此外，经济风险指意外发生的汇率变动因素而不包括企业在正常经营中已经充分意料到并做出管理安排的正常汇率变动部分。

相对于一般对跨国公司的经营成果和现金流量产生的短期的一次性风险来说，汇率风险可谓"实际发生的深度风险"，对跨国经营所产生的影响也最大。不仅要考虑汇率波动带来的一时得失，更重要的是要考察汇率变动对企业经营的长期动态效应。从长期来看，汇率风险对跨国公司的竞争力产生直接影响，这些风险足可以使跨国公司陷入某种困境。假设一企业面临较高的经济风险，它未来的净现金流量因此变得非常不稳定，不但影响到公司的真实偿债能力，使公司的商业信用受损，而且客户和供应商也可能因此转向公司的竞争者，导致公司的供应和销售链体系遭到破坏，无法保证持续稳定的生产经营。亚洲金融危机中，许多跨国企业的惨痛经历都说明了这一点，其中以香港百富勤公司的破产最具代表性。

此外，在跨国经营过程中，中国投资者已经越来越感受到应对汇率风险的重要性。尤其是在金融危机爆发时，一国货币发生急剧的贬值，可能将持有该国货币的跨国企业推进一夜间财富蒸发殆尽的巨大风险中。因此，从事跨国经营的中国企业如何有效应对、预防东道国货币汇率的大波动是一个很关键的问题。20 世纪 90 年代以来，世界先后发生多次局部地区的金融危机。在金融危机中，所在国的货币发生急速贬值，如果不及时进行货币转换，跨国企业就会遭受巨大损失。例如，1994 年 1 月以前，西非法郎区的兑换比率是 50 非洲法郎兑换 1 法国法郎；1 月以后，兑换比率就变成了 100 非洲法郎兑换 1 法国法郎，非洲法郎贬值了一半。亚洲金融危机的惊险过程更是让中国投资者记忆深刻，亚洲各国货币多米诺骨牌式地剧烈贬值，股市猛挫，令香港百富勤之类的企业迅速陷入财产大缩水中。许多中国投资者由于缺乏预防应对措施，在此次金融风险中也遭受了惨重损失。

专栏 2-2 经历俄罗斯金融动荡的中国商人

1993 年 6 月 24 日，俄罗斯中央银行宣布，1992 年以前发行的货币全部停止流通。俄罗斯公民或持有俄罗斯居留证者在 8 月 7 日之前必须到银行兑换新币，但每人兑换数额不能超过 35000 卢布，约合 35 美元或将近 300 元人民币；与此同时，俄罗斯海关禁止携带大量卢布出境。

一位在俄罗斯经商的中国商人原本在中俄贸易中赚得了第一桶金，但却因俄罗斯的这次货币政策突变而灰飞烟灭。当时家里价值将近 100 多万人民币的卢布变成了废纸，一家人看着那 3 麻袋钱直掉眼泪。俄罗斯大街上到处都是焚烧旧卢布的人，还有人为此绝望自杀。

1998 年，这名商人又在俄罗斯成立了独资公司。由于对即将到来的俄罗斯金融风暴毫不知情，他从国内汇了 10 万美元到当地一家濒临倒闭的银行。等他到俄罗斯后，会计说那家银行已经倒闭，钱没有了。这名商人以前在国内根本没想过银行竟然也会倒闭。俄罗斯此次的金融危机白白地卷走了他的 10 万美元，又是一次惨重的损失。

由于吸取了以往教训，这名中国商人在俄罗斯开设的独资、合资公司都花高薪聘请了懂得当地政策的员工，一般都能提前获知相关政策的可能变动，做好预防，从而规避风险。1998 年，俄罗斯又一次更换货币，将所有原卢布的面额都变成原来的千分之一。但这一次由于他有防备，虽然最后还是避免不了损失，但已经大大减少了。

（二）金融投机风险

金融投机也是中国企业遭遇金融风险的一个原因。近年来，一些海外经营规模相对较大的中国企业开始使用期货、期权等金融衍生工具进行套期保值，希望以较低的成本避免国际市场原材料价格、汇率等剧烈波动而产生的风险。但在实际运作过程中，出于一夜暴富的投机心理，个别公司的领导者或操盘手很可能会利用这些金融衍生工具的杠杆放大效应进行投机，决策一旦失误立即就会给企业带来灭顶之灾。例如，2004 年中国航油集团新加坡公司大量卖出石油"看涨期权"，由于过度投机，爆仓时损失高达5.54 亿美元，使得中航油新加坡公司濒临破产边缘。在过去的十年中，国内外先后发生过巴黎银行、住友商社、株洲冶炼等金融投机失败事件。

专栏 2-3 金融衍生品交易失败——住友商事

　　住友集团是日本最古老的企业集团之一，拥有 400 多年历史。早在 16世纪时，住友家族因在日本四国岛上经营一座铜矿而日益发展壮大。如今的住友财团是日本集金融、贸易、冶金、机械、石油、化工、食品和纺织为一体的一家超大型集团。在全球 500 强企业中，一度排名第 22 位。在冶金方面，财团通过控股或参股等形式在全球拥有众多矿山和冶炼厂。住友商事是住友财团的核心企业，主要从事金属、机械、石油、化工、食品及纺织等领域的国际贸易活动，是日本四大贸易商之一。住友商事有着几百年做铜生意的经验，很早就参与伦敦金属交易所 LME 的金属交易，在伦敦金属交易所的期铜交易上有很大影响力。

　　滨中泰男于 1970 年进入住友商事，1975 年开始涉足铜的交易，1987年在住友商事有色金属交易部中担任铜交易团队负责人，负责住友集团在现货市场和期货市场上的交易。20 世纪 80 年代末和 90 年代初，作为住友商事首席铜交易员的滨中泰男曾控制着伦敦金属交易所铜交易量的 5%，在圈内被称为"百分之五先生"和"铜先生"。这从侧面反映出住友的买卖决策对国际铜市场所能造成的重大影响，也反映出滨中泰男在国际铜市场上的地位。

　　滨中泰男在期货铜交易中所持有的是多头头寸，即大量买进期铜合约，试图在铜价上涨时获利。然而，滨中泰男的交易并不局限于场内进行，从

1993 年底至 1994 年 6 月 15 日，他还越过住友商事授予的权限私自与美国一家公司签订了 6 份合同。根据这些合同，滨中泰男必须在 1994 年每月从该美国公司购买约 1 万吨铜，在 1995 年和 1996 年每月从该美国公司购买 3 万吨铜。在 1994 年 12 月 1 日，滨中泰男又与该美国公司签订了一份在 1997 年每月从该美国公司购买 3 万吨铜的类似合同，这些合同涉及的铜交易总量约达 120 万吨。

1995 年以来，随着铜产量的大幅度增加，国际铜价一路下跌。1995 年 1 月 20 日，国际铜价尚高达每吨 3075 美元，到 1996 年初却跌至每吨 2600 美元以下。铜价的连续下跌开始吞噬滨中泰男在期铜上的多头头寸的盈利。面对逆势，他不但没有减少期铜的头寸，反而试图利用住友商事的雄厚财力操纵市场，拉高现货价格，从而带动期货价格，对空头形成挤压，希望逼迫空头止损离场来使自己全身而退。从 1995 年夏天开始一直到 1996 年春天，滨中泰男试图控制伦敦金属交易所的全部现货铜，以此造成铜的供应紧缺，从而拉高期铜价格。在 1995 年下半年，他多次买进或控制了伦敦金属交易所的所有库存的铜，使得伦敦铜期货市场处于现货升水的状态，远期价格大大低于近期价格。以此遏制市场的远期抛盘，来为自己获得巨大利润。与此同时，滨中泰男继续投入大量期货多头头寸，导致期铜各月合约之间价差出现不正常状态。

凭借住友商事的实力，滨中泰男在一定时期内操纵了期铜的价格，有效地降低了亏损。但是恶性操纵市场是违法的。1995 年 10 月，这种期铜各月合约之间价差的不合理状态引起了英美两国证券期货监管部门的共同关注，并对每个客户在各个合约上所持有的头寸以及交易所仓库的所有权进行了详细调查，从而使得滨中泰男企图操纵市场的行为逐渐暴露。随后，伦敦金属交易所专门成立了一个由行业著名律师和资深监管人员组成的特别委员会来处理此案。

滨中泰男未经授权参与期铜交易的丑闻很快被揭露出来，诱发了大量恐慌性抛盘，使得本来下跌的铜市雪上加霜，铜价在几周内大约重挫四分之一。1996 年 6 月 24 日，住友商事宣布巨额亏损 19 亿美元并解雇滨中泰男。自 1996 年 5 月 31 日起的 34 个交易日，伦敦金属交易所铜的价格由 2712

美元跌到 1740 美元，住友商事亏损 26 亿美元。但由于滨中泰男的许多多头头寸此时尚未平仓，从而使住友商事在此后因恐慌导致的大量抛盘中亏损进一步扩大到 40 亿美元。此外，丑闻披露后，住友商事卷入了一系列的诉讼案中，最终于 1998 年赔偿了美国和英国政府机构 2.5 亿美元，解决了对其操纵铜价的指控。受该事件影响，期铜指数进一步下跌，受住友事件连累而倒闭的公司不计其数。

随后，住友商事起诉欧洲最大的银行——瑞士银行和美国的大通曼哈顿银行，指控它们为该公司前首席期铜交易员滨中泰男未经授权的交易提供融资。住友商事在诉讼中称，大通曼哈顿银行和瑞银通过安排贷款帮助滨中泰男隐藏亏损，因而得以操纵市场。住友商事起诉中要求瑞士银行赔偿 279 亿日元。2006 年，瑞士银行表示同意支付住友商事 100 亿日元（约合 8500 万美元）以了结 10 年前遗留下来的诉讼案。

专栏 2-4 中航油巨亏事件过程一览

2003 年下半年：中航油公司开始交易石油期权（option），最初仅涉及 200 万桶石油，中航油在交易中获利。

2004 年一季度：油价攀升导致公司潜亏 580 万美元，公司决定延期交割合同，期望油价能回跌；交易量也随之增加。

2004 年二季度：随着油价持续升高，公司的账面亏损额增加到 3000 万美元左右。公司因而决定再延后到 2005 年和 2006 年交割；交易量再次增加。

2004 年 10 月：油价再创新高，公司此时的交易盘口达 5200 万桶石油；账面亏损再度大增。10 月 10 日：面对严重资金周转问题的中航油，首次向母公司呈报交易情况和账面亏损。为了补交交易商追加的保证金，公司已耗尽近 2600 万美元的营运资本、1.2 亿美元银团贷款和 6800 万元应收账款资金。账面亏损高达 1.8 亿美元，另外已支付 8000 万美元的额外保证金。10 月 20 日：母公司提前配售 15% 的股票，将所得的 1.08 亿美元资金贷款给中航油。10 月 26 日和 28 日：公司因无法补交一些合同的保证金而遭逼仓，蒙受1.32亿美元实际亏损。11月8日到25日：公司的衍生商品合同继续遭逼仓，截至25日的实际亏损达3.81亿美元。12月1日：在亏损5.5亿美元后，中航油宣布向法庭申请破产保护令。

国内外因从事金融衍生品业务而失败的案例表明，缺乏有效的风险控制机制以及内部控制意识而形成的盲目投机心理，是构成金融投机冲动的首要因素。企业的外汇衍生品交易亏损事件，反映出其内部的风险监管和治理机制存在问题。例如，2008年发生的中信泰富亏损事件表明，此事并不牵涉欺诈或其他不法行为，而是财务董事未遵守集团对冲风险政策，且在进行交易前未按规定取得主席批准，超越了其权限所为。

显然，风险控制也关系到公司的治理结构。事实上，治理机制若不健全，本身就是企业的一大风险源。一个内部治理结构混乱的企业，其风险控制的能力肯定就差，进而发生的经营风险也多。大量案例表明，衍生工具灾难往往并非全因衍生性交易本身所引起，而是由于缺乏健全的风险控制机制。金融投机风险的扩散面越来越大，其形成的灾难性后果也越来越大。在这种灾难性的后果面前，类似的商业机构实在有必要针对衍生工具业务的特点，建立专门的风险内部控制机制，改善公司的治理结构，完善工作程序，分清套期保值与投机的差别，严格控制投机性交易等，从而降低企业运营风险。

很多时候，如果审慎地运用衍生工具，能够帮助实体企业和金融机构规避风险并获取收入。但衍生产品具有的杠杆性、价格波动性等特点，决定了其可能产生相当大的风险。如果使用不当，贸然参与或过度投机，则很有可能给交易者带来巨大损失。特别是当金融衍生产品的各种风险交叉反应、相互作用、互相影响时，会加倍放大风险。即便是在成熟的市场当中，由不当使用衍生产品交易而引起的巨额损失事件也不鲜见。

（三）筹资风险和融资风险

筹资风险是指由于负债筹资引起且仅由主权资本承担的附加风险。企业承担风险程度因负债方式、期限及资金使用方式等不同，面临的偿债压力也有所不同。投资风险是指企业在投资活动过程中有可能遭遇的各种风险，如财务风险、信用风险、市场风险等。

（四）利率风险

利率常常被看成是收益的一般形态，或是金融市场的价格。长期以来，中国金融市场的利率受到货币当局的严格管制，政策性的利率调整时有发生，这对企业的融资和还贷都造成很大影响。

（五）国家债务风险

近年来，发展中国家外债总额普遍较高。由于不少国家无力按期偿还外债，导致累积为持续多年的债务危机。如果其债务结构不合理，短期外债比重高，到期要支付的本息额太大，就会造成支付困难，陷入突发性危机中。

第二节　非传统型跨国经营风险的出现

需要引起重视的是，从20世纪90年代末以来，在国际社会中一些新的突出威胁因素的影响下，一些非传统形态的跨国经营风险开始日益困扰当前各国的跨国企业。这使得我们在按照传统的跨国风险分类之后，还须对目前严重困扰中国企业和国内社会的非传统风险——境外安全风险进行细致考察。

一、恐怖主义与非传统安全问题的凸显

当今世界上，政治经济的巨大变迁造成了安全问题的转型。近年来的态势是传统安全问题逐渐淡化，而非传统安全问题开始引人注目地凸显。作为安全对立面，风险形态也随之有了新的发展。

国家的传统安全概念主要是战争与革命年代的产物。这种安全概念是以古典现实主义的国际关系理论为基础的，认为国与国之间是一种恐怖的无政府状态，随时有发生战争进行相互侵略的可能。由此，人类的安全主要就是守卫国家的边界，抵御外部敌对国家的军事攻击。传统安全将国家的对外防范作为基本任务，与此相关的军事与高层政治斗争成为传统安全的中心内容。换言之，传统安全主要关注的是国家的对外安全，并寻求以军事手段确保本国在战争中的优势地位。因此，传统安

全问题是处在所谓的"高级政治"领域，国家政府是其聚焦的中心，政府之外的行动者被认为是无关紧要的。传统安全在两次世界大战和冷战时期发展到顶峰，造成了当时世界上各国之间以军事力量追求安全的军备竞赛。

然而，20世纪90年代以来，世界政治经济格局发生了重大变化，冷战的结束和经济全球化的迅猛发展将传统安全降低为不再那么突出的问题，而新的非传统安全问题日益变得重要。

首先，冷战结束使国际格局发生了质的变化。世界主要核大国之间的全面军事对抗和整体毁灭的可能性大大降低，一些被两极对抗所掩盖的地区性矛盾与冲突在冷战后纷纷爆发，如宗教极端主义、恐怖主义、民族分裂主义、难民潮已成为国际社会越来越突出的新的安全威胁。

其次，世界经济一体化、区域集团化所导致的全球相互依存关系日益加深。由于各国的国家利益在更大限度地扩散到全球，各国的命运也更多地与外部的稳定和发展紧密相连，利用外部环境发展经济的同时也面临着诸多挑战。如金融危机、跨国犯罪、高危传染性疾病、电脑黑客的袭击等都会在全球范围内引起共振。

非传统安全在其主体与议题上都发生了变化：一方面，其主体不再单一地局限在国家政府层次，各种非政府的力量如族群、NGO、恐怖组织等开始在国际社会中发挥越来越大的影响；另一方面，其议题也不再仅仅限制在单一的整体性的国家军事威胁上，而是变成非结构性的、多样化的各种非国家间威胁问题。研究者们都赞同，非传统安全的凸显代表着国际政治从"高级政治"向"低级政治"的转变；次国家的、跨国家的问题，非军事和政治的问题，这些曾被认为是"低级政治"的议题变成了全球化时代的安全主题。

从与我们此处讨论的风险问题相关的角度看，非传统安全不仅将政治从"高级"领域拉到了"低级"领域，而且最为关键的是将主旨从保护"国家安全"更加具体地落实到了"人"的安全。在非传统安全时代，国际社会出现的直接针对社会和个体的威胁和风险，迫使人们必须从机械地考虑国家军事安全的传统安全观念中扩展开来，将关注的重心逐渐放到个体的安全上。非传统安全的价值取向不再是与普通人生活无直接关系的领土主权问题，而是与普通人切身相关的环境保护、流行病防范、安全保障等问题，强调国家的安全最终要通过人的安全来体现。

二、境外人身安全风险

恐怖主义、社会治安等现实威胁使得各国公民在海外的人身安全变成日益尖锐的问题。中国企业和投资者在走出去的过程中，遭遇非传统安全下人身安全风险的程度近年来急剧上升，已成为中国企业进一步开展跨国经营的一个致命障碍。

"9·11"事件发生后，世界范围内先后出现了阿富汗战争、伊拉克战争、印度尼西亚巴厘岛系列恐怖爆炸、西班牙火车站恐怖爆炸、英国伦敦连环恐怖爆炸等，各国社会变得不太平。为此，积极开展海外经营的中国企业不得不面对形形色色的恐怖主义风险、恶性事件的频繁发生。如2004年5月，在巴基斯坦西南部中国援建的瓜达尔港建设工地，12名中国监理工程师遭到遥控汽车炸弹袭击，3名中国工程师在爆炸中遇害；6月，中铁十四局11名援建阿富汗项目的工人在昆都士遇难。2007年在巴基斯坦白沙瓦市发生了中国公民遭突袭枪击事件，造成3人死亡。2007年在尼日利亚，一家来自中国四川电信公司5名员工与一家中资石油公司员工先后遭遇被武装绑架事件。2007年在埃塞俄比亚，"欧加登"组织对中石化中原石油勘探局埃塞俄比亚公司项目组所在营地发动了军事进攻，尽管有官方军队的守卫，但是此次军事进攻变成了一次血洗。袭击发生时，营地内有37名中方人员和120多名埃方人员。袭击过后，9名中方人员遇难、1人轻伤、7人被绑架。遇难人员中年龄最大者40岁，最小者27岁。65名埃方人员同时遇难。2008年在苏丹，又发生了中国石油工人被所谓"正义与平等运动"组织绑架事件。

这样针对中国海外商务人员造成致命人身伤害的高风险恶性事件近年来接二连三地发生，都到了令国人目不暇接的地步。根据媒体披露的信息初步统计，中国境外商务人员人身安全事件发生的地域范围较广。2001—2006年，中国境外商务人员在68个国家发生了114起涉及人身安全的事件。其中亚洲26国49起，非洲13国13起，欧洲15国31起，美洲9国15起，大洋洲及太平洋岛屿5国6起。这68个国家基本上都是中国的建交国，六年中均有事件发生的是韩国、俄罗斯和美国；马来西亚、以色列从2002—2006年连续五年均有事件发生。

一桩桩海外华人的喋血事件表明了海外华人安全形势依然严峻。随着全球范围内动乱和恐怖袭击的猖獗，自然灾害、流行疾病等不确定因素的增加，海外华人人身风险今后将将越来越复杂和攀高。大致上中国公民在海外遭遇的人身安全风险的类型有四种：

第一种，因讹取赎金而发生。盛产石油的尼日利亚流行绑架外国石油工人。与同在尼日处亚的西方国家工人一样，那里的中国工人也面临被绑架的风险。贫困的当地武装分子想靠绑架生财，在他们眼里，中国人和欧美人一样都是有钱人。虽然这几次中国员工被绑架都以赎金换人的方式解决了，但高赎金让当地武装分子更加跃跃欲试。

第二种，因政治图谋而发生。把中国公民的中国身份当政治牌来打，或者直接针对中国。地区冲突的政治力量以及恐怖主义都会因为政治上的图谋而非经济上的抢劫而袭击中国公民。中国作为在世界上影响增大的国家，政治上可资利用的价值正在增大。许多国外的反政府组织与恐怖力量正开始转向以绑架、袭击中国公民作为当地政治斗争的筹码，把中国当成政治牌来打。中国公民在巴基斯坦遭遇的绑架袭击就多属这种类型。这些绑架袭击事件并非偶然，而是有政治背景的。中巴关系友好，为了要挟巴政府，恐怖分子就盯上了与巴政府关系友好的中国，让巴政府投鼠忌器。另一个原因是，随着中国的力量日渐强大，在外交立场上逐渐开始鲜明起来，必然会开始得罪一些力量，尤其是中国对打击恐怖主义坚决支持的态度，更是让恐怖分子也对中国有所仇视。

第三种，因种族歧视而发生。排外思潮和种族歧视也是造成中国人在境外不安全的因素之一。在俄罗斯，有一些20岁左右的俄罗斯少年组成的"光头党"，他们袭击外国人的方式从来都是简单粗暴。在俄的中国企业人员如果三个人上街，就会非常危险；如果有六七个人，还可能有人朝他们扔石头；只有十个人以上，才能放心大胆地走在街上。

第四种，常规犯罪。在南非等国家，中国企业人员遭抢事件频频发生。由于中国人有随身携带现金的习惯，加之性格上是多一事不如少一事，在遭抢劫后大都忍气吞声或者因语言不通而放弃报案。由此给犯罪分子留下了这样一个印象：中国人是最安全，也是最出货的抢劫对象。

总之，在国际恐怖主义、地区冲突、社会犯罪等因素的影响下，中国公民在海外已不再是我们想象中的"最安全的外国人"。原来认为恐怖袭击的对象只是西方国家公民的认识和隔岸观火的心态早就应该改变了，因为现在火已经烧到我们头上了。在海外人身风险事件里，许多并不刻意针对中国公民而发生，但是也有不少风险事件表现出对中国公民的明确针对。

因此，在可见的未来，这种境外人身安全风险将是困扰中国企业走出去的突出问题。如果说政治风险等造成的财产损失很严重的话，那么中国商务人员在海外的生命损失更是难以承受的风险。出现恐怖袭击等人身风险事件后，不仅会给企业的经营带来人员损失、业务停顿的影响，而且给受害者的家人、国家形象等都会造成不可估量的伤害。所以，中国政府领导人在这几年屡次表示对人身安全问题的关注，督促加强境外安全防范。

第三节　中外企业遭遇跨国经营风险的差异

在了解了中国企业在海外遭遇跨国经营风险的一般情况后，我们应进一步具体地了解在不同行业和地区中，中国企业遭遇风险的具体情况和突出问题，以更具针对性地做出风险管理的规划。与国外企业相比，中国的国有企业所占比重不小，近年来针对国有企业的质疑也在很大程度上影响着不少政府的行动，对国有企业的跨国经营带来了较大风险。

一、行业与经营方式差异

中国企业的跨国经营目前主要有四种类型的经营模式：一是资源寻求型。目前中国能源资源价格越来越高，而且国际市场价格也在上扬，因此我们很多企业到国外去，对国外的能源资源进行投资和开发。这些投资主要以并购为主，集中在资源比较丰富的地区。二是技术获取型。主要是利用全球研发资源，来增加自主创新能力。这类中国企业主要集中在经济比较发达的国家。目前来看投资规模不大。三是市场开拓型。企业通过在目标市场建立贸易公司，开展售后服务和商业推广等，来更好地开拓国际市场。四是转移生产型。一些国内技术比较成熟、生产能力富余的企业，到国外寻求环境更好、生产成本更低的地区进行投资，实行当地生产、当地销售，或向其他国家转售产品，或进行工程承包建设。上述跨国经营活动所具有的发展阶段上的特点使得中国企业可能需要采取更有针对性的举措。

经营内容和模式不同的企业在海外遇到的风险类型与问题也会有所不同，需要进行具体分析。我们重点对工程承包、自然资源开发和高新技术领域的中国跨国企业的风险进行分析。

（一）工程承包领域

经过改革开放的大规模建设和市场竞争的锻炼，中国施工企业在许多工程建设上都具有了强大的技术实力和管理经验，尽管在一些高难度的工程建设上尚不能与西方企业相比，但是在一般的工程建设上，中国企业的施工质量、完成速度和成本消耗上，都具有相对的优势。这使得中国施工企业在国际市场上拥有广阔的开拓空间。工程承包的中国企业在海外经营过程中，也会遇到一些比较突出的国家风险问题。

第一是政治风险问题。跨国经营企业往往因所在国家的政治体制不稳定、经济政策变化而引起项目实施变动的风险。例如，我方公司承建的某国的糖厂项目，就因为该国总统换届导致项目停工，直接影响了工期和施工人员的安排，从而大大增加了成本。又如，我方公司承建的某国的学校、医院项目，当项目进入施工阶段后，当地政府突然出台政策，对此类项目征收3%工业税，直接导致项目成本增加了200多万美元。

第二是延迟支付问题。中国的施工企业承包到的工程项目大多是在发展中国家，其中不少国家的政府信誉不佳，对工程项目款的支付经常发生延迟。例如，山东电力建设公司在尼日利亚的帕帕兰多8*42MW燃机总承包项目，合同签订于2002年3月，生效期拖延至2005年1月，尼方的首次还款（1000万美元）拖延至2008年2月，而实际上到了2008年也未开始归还。目前该公司一方面继续向尼日利亚财政部催要，另一方面开始启动中国出口信用保险公司的索赔程序。但无论如何，山东电力都会遭受很大的经济损失。

第三是社会文化风险产生的工程工期问题。在国外执行工程建设项目与在国内有很大不同，会有很多不确定的因素。由于设备材料出口报关、海运，当地气候、劳动法规和劳动力效率、风俗习惯、社会治安等种种原因的影响，一般工期都难以按照国内进展速度顺利实现。许多中国企业在工程工期上考虑不周，工期时间承诺过短，最后完不成工期，不得不支付高昂的延期赔款。有的企业甚至因为工程组织不力，进展过慢，导致直接被当地政府清退。

　　第四是用工限制问题。工程建设是一个用工需求量很大的行业，但是中国施工企业在境外的用工会面临诸多当地法律、政策的限制。作为国际工程承包项目，在施工时如果带动出口国的劳务输出，势必与当地的劳动力产生竞争，影响其就业，因此各国对劳务输出都有不同程度的限制。例如某国规定：国际工程承包商每向该国输出一名劳务人员，必须雇佣当地5名员工，否则总承包商要为每人每年缴纳2000美元的管理费。此外，有些国家在签证上加以限制，还有一些国家甚至对不同城市都有不同的政策。例如总承包商在该国的一个城市雇佣当地员工比例符合要求了，但当把这些员工调到另一个城市工作时却得不到认可，还必须在该城市重新雇佣当地员工。还有一些国家的法律规定，当地用工超过一定时间时，如果再要解聘，补偿金还要加大，无形之中又增加了用工成本。

　　第五是人员安全问题。由于国际承包工程建设需要的工人多，因此是中国公民在境外比较集中的工作领域。这种中国公民集中度很高的行业，更容易在境外遭遇人身安全的问题。近年来，在境外遭遇这种风险的中国企业多半都是在外进行工程作业的企业。近几年，在尼日利亚、苏丹、巴西、巴基斯坦等国家，先后发生过多起针对中国施工工人或工程师的恐怖袭击、抢劫和绑架事件。此外在非洲等地，疟疾等流行性疾病的大面积传播，也给跨国施工企业和员工的生命财产安全带来极大隐患。这一问题是中国企业在境外承包工程时很头痛的问题，对员工生命必须高度负责。

　　第六是汇率变化等带来的经济风险。一些中国施工企业在国外承揽工程项目时，在经济风险上考虑不周，没有把人民币汇率变化、当地税收政策、通货膨胀等因素考虑在内，对成本的估算不足，在报价上时常过低，最终为自己带来很大的经济风险。

· 案例 ·

2.1 中国×工程承包企业遭遇
不可预测的市场风险

　　中国××工程承包公司在非洲某国承接了560MW燃机电厂项目，占地20万平方米，分两期建设，一期装机容量2×100MW，于2008年4月开工，2010年建成投产，二期工程装机容量360MW，于2015年5月开工建设，

2017 年 11 月建成投产。该项目在投资之前，已从国别、行业和项目三个层面进行了风险预想，但在实际投产后，还是出现了很多没有预想到的风险。

该项目主要从事天然气发电业务，生产设备采用燃气轮机和蒸汽轮机联合循环，现场负责生产检修的人员都是从 × 工程承包公司其他电厂调派过来具备十年以上丰富的燃气轮机电厂生产管理经验，负责生产检修的技术骨干人员也都是从 × 工程承包公司派遣或国内招聘的有经验的专业人员。虽然该项目和国内电厂使用同样的生产设备，并且配备了来自国内的优秀管理人员，但是这里生产环节面临的风险比国内严峻得多。该项目地处非洲西部沿海地区，气候条件是典型的赤道热带季风气候。旱季时从撒哈拉沙漠刮来的热带大陆气团，夹着酷热干燥的沙尘暴，对发电设备的进气和过滤系统产生严重影响；旱季过后，大西洋刮来的热带海洋气团开始统治这里，空气中夹着高腐蚀性的盐雾，全厂的各种户外设备都必须有超高的防腐要求才能对抗盐雾的影响。非洲国家普遍存在电网等基础设施条件较差的问题，该国的电网也不稳定，在负荷高峰或雷雨季节经常发生电网解列或全网失电的情况。由于这些外部因素的存在，发生设备故障的风险比国内同等电厂要高得多。更困难的是，一旦设备发生重大故障，几乎不可能短时间内找到可依托的检修资源，需要从国内聘请专家到现场来确认故障，同时需要海运和进口更换的设备，因为在非洲找不到厂家可以提供电厂专业设备，还需要从国内聘请专业检修队伍到厂维修，不仅费用昂贵，而且花费时间很长。如果期间电厂不得不停产，造成的经济损失是巨大的。为了防范设备故障风险，首先项目上要不断加强骨干队伍的技术能力，通过专家指导和岗位培训相结合培养技术骨干；在技术骨干的基础上还要配备一支常年在厂的检修人员队伍，为了降低成本可以通过服务外包引入检修队伍；在人员配备上做到能够在孤军作战的环境下处理一般设备故障问题；其次加大在设备日常维护工作上的投入，并在经验基础上适当缩短设备大中小修周期，开展预防性的检修工作；最后为电厂设备购买机器损坏保险，当发生不可预料的重大设备故障时，项目可以从保险理赔中减少经济损失。

该项目的能源主要来源于临国生产的天然气，通过西非天然气管道跨国输送到该电厂用于发电。管道天然气一般认为是很稳定的燃料来源，但是在非洲的情况却不太一样。首先该临国内形势并不稳定，经常发生恐怖袭击和人为的工业设施破坏。由于上游油田设施遭受人为破坏，导致上游天然气供应严重减产，×工程承包公司在2017年大部分时间处于燃料供应短缺造成的开工不足状态，导致当年发生亏损。除了上游不稳定因素，天然气管道本身也发生过重大突发性的风险事故。2012年9月在西非天然气管道海底段途经的多哥洛美海域，在海军追捕海盗的一次行动中，海底管道被海盗船只的船锚刮破导致管道破损，随后西非天然气管道公司关停管道进行维修，项目被迫全面停产，整个管道维修造成的停产时间长达9个月，项目经济损失巨大。为了防范燃料供应中断风险，该项目在二期项目扩建期间，不得不投资新建备用燃料系统，包括投资新建大型燃油储罐，新增燃油处理线，新建液化天然气气化站并逐步落实采购液化天然气的长期合同，即通过多样化的燃料供应系统来分散单一燃料供应不稳定可能造成的停产风险。

　　除了生产环节和供应环节，销售环节的风险因素更加复杂。该项目与该国电力公司签订有长期电力销售合同，全部电力由该国国家电力公司包购，但是合同执行起来并不像合同本身约定的那么简单。合同执行问题几乎是非洲国家共有的情况。比如，在合同付款环节，由于该国政府机关用电由财政负责，财政拖欠电力公司电费，导致电力公司无力按时支付电厂电费，该项目为了避免电费回收困难造成资金链断裂，不得不拖欠加纳政府天然气款，导致该国政府也拖欠临国天然气款，从而造成相关各方深陷三角债。又如，该国本国货币汇率不稳定，在2008年到2015年期间曾经发生累计贬值500%的情况，直到2016年以后币值才逐渐稳定，为了避免货币贬值造成项目损失，项目电力销售合同约定以美元计价，以当期汇率转化为本国货币支付电费，一定程度上解决了货币贬值带来的问题。但是即使如此，在货币快速贬值的若干月份，收到电力公司结算的款项的同时根本无法以同等汇率购买到美元，项目不得不承受一定的汇兑损失。非洲国家政府普遍经济规划能力较差，在该国严重缺电期间，政府不得不到处寻找各国投资商签订购电合同，虽然大部分的投资商最终无法落实项目，但还是有部分投资商最终把电厂建成投产，近几年陆续投产的电厂不但解决了该国长期缺电的局面，还造成了装机过剩，一下子从供不应求演变到供过于求的局面。从短期来看本国市场无法消化新增的电力供应。为了防范需求不足的风险，该项目又开始把目光投向周边缺电的国家，利用西非电力联盟规划建成的跨国输电线路，寻求把电力出口到周边国家的机会。

总而言之，其他发展中国家和欠发达地区的海外项目，不可能像国内一样处于相对稳定的经营环境，项目所要面临的风险常常是复杂多样且不断变化的。对于国有企业来说，投资方不仅需要有较强的风险承担能力，有能力突出的海外管理团队，更重要的是灵活的风险应对机制，甚至在管理体制上要有所突破才能真正适应走出去发展战略，才能在走出去之后还能走得更远，走得更稳。

（二）自然资源领域

作为一种普遍规律，经济高速成长的中国同西方国家一样已进入到对能源和资源需求迅速增加的阶段。在能源、资源需求的压力下，中国一些企业加大了对外投资合作的动作力度，例如在海外建立石油生产基地，一些钢铁公司甚至在外国建立生产基地，直接利用当地的铁矿石资源。然而，中国的资源型企业经营的对象都是些战略性物资，这些物资的国际市场又常常与国家利益、民族主义、地缘政治等因素复杂地纠结在一起，其面临的跨国经营风险是中国跨国企业中最为紧张的。对外资源投资的中国企业最容易受到政治风险和人身安全风险的威胁。它们往往面临当地政府的干预、剥夺以及政治矛盾的连累下的人身危险。石油企业在这方面的遭遇尤为突出。

首先，在对外资源投资过程中，中国企业面临着巨大的暴力威胁和人身风险。一方面，当地国家会因资源生产与销售获得的社会财富分配失衡而引发社会不满者对资源的争夺战。资源集中地往往是在一些发展中国家，而且中国也不可能去发达国家获取资源。在这些国家里，资源生产与销售带来的巨额利润总是会引发社会的阶层失衡与斗争。巨额财富纷纷流向输出国的特权阶层手中时，必然刺激其国内那些企图分配新财富的革命派和极端分子们发起获取资源控制权的斗争。例如，刚果金拥有大量的石油（据美国能源部资料约为15亿桶），石油收入占国家出口收入的

94%，政府收入的80%，但是工党和"泛非社会民主联盟"之间围绕着控制权的争斗异常激烈，并最终引发了全面内战。由于对尼日利亚政府石油收入分配的不满，尼日尔河三角洲的奥戈尼人（Ogoni）及其他少数民族发起了非暴力抗议，其中的一些武装组织专门破坏油田设施和石油管道。哥伦比亚人对政府石油税收分配的普遍不满也导致了在哥伦比亚不断出现暴力。哥伦比亚是美国石油第七大进口国。多年以来，哥伦比亚政府军和哥伦比亚革命军、国家解放军的游击队冲突不断，人民饱受蹂躏。这些组织声称，中央政府是国家上层有产阶级的工具，哥伦比亚巨大的石油财富正在被卖给外国公司，损害了穷苦工人群众的利益。在其他形式的斗争被政府遏制的同时，他们组织的游击队定期地破坏石油管道，袭击外国公司。印度尼西亚反政府武装"自由亚齐运动"破坏埃克森美孚公司经营的印尼亚齐省油田设施，结果遭到印尼政府的镇压。再以中国目前在海外最大的石油投资项目——苏丹为例。苏丹自1956年独立以来，除了1972年至1982年这十年之外，苏丹的内战持续不断。2002年7月，伊斯兰教政府已与"苏南反抗组织"达成石油利益协议，并允许南方于2008年之前进行投票决定是否独立。而既不归南又不属北的西方达尔富尔地区的富人感觉不公，先后组织力量与阿拉伯民兵发生冲突。2004年9月联合国安理会提出决议，若苏丹政府不解决亲政府武装制造的万人死亡、百万人流离失所的达尔富尔地区的人道主义危机，就将停止苏丹的石油出口。这一系列的政治问题给中国石油公司在苏丹的作业带来了很大的安全隐患，中国员工会被当地的反政府组织绑架勒索或作为筹码要挟当地政府。

另一方面，石油等资源还以另外一种方式与冲突和暴力联系起来：它可以孕育独裁政权。当一个农业或半工业国家发现石油时，石油不可避免地改变了当地国家政府与其他社会成员的政治经济关系。该国的政府会利用石油获取的巨大财富加强权力和行使独裁。典型的情况是，他们会煞费苦心地制造一个国家暴力机器来镇压反对党，关押、杀戮或以其他方式消灭持不同政见的人。残存的反对力量看不到合法形式反对的出路（包括和平抗议的希望），于是只好建立地下组织或采用暴力包括恐怖主义来改变政府。这些暴力最终会殃及在当地投资合作的中国资源型企业。中国企业已经有多次遭到当地反政府组织纯粹出于政治目的而非经济勒索的武装袭击。因此，中国的资源型企业遭遇政治暴力的风险几率是很高的。

其次，资源型企业还可能在进行收购投资时遭遇当地国家以"经济安全"为由的干预。为了国家安全或者防止行业垄断的原因，世界许多国家都制定了相关法律，对外国投资者进入能源行业予以限制。例如，在中海油竞购优尼科过程中，美国议员提议的《埃克松–弗洛里奥修正案》（EXON‑FLORIA）法案就是一个典型的例子。《埃克松–弗洛里奥修正案》（EXON‑FLORIA）是《1988 年综合贸易与竞争力法》的修正案。根据该项法案，美国总统有权对外国企业在美国进行的企业并购或控股的"国家安全"影响进行调查，具体调查由美国财政部外国直接投资委员会（CFIUS）实施。一旦该委员会对某项交易做出"对国家安全有潜在威胁"的判断，总统即有权中止该项交易，而外方不能寻求司法复审，由此造成的损失可能无法得到补偿。最终，中海油竞购优尼科因此失败。中国资源型国有企业更加剧了它们遭受排斥和干预的风险，因其国家背景具有瓜田李下的嫌疑，不可避免地会引起当地国家"另眼相看"的猜忌，产生如"国有企业海外并购是中国政府的政治图谋""中国欲图控制他国自然资源"等误解和偏见。甚至在中国的战略伙伴国家俄罗斯，中国资源型企业的国有企业身份也引来了猜忌和干预。2002 年，由于政府控股的原因，俄罗斯下议院以"防止外国控制能源"为理由，通过一项法案逼迫中石油退出俄罗斯斯拉夫石油公司拍卖竞购。

（三）高新技术领域

在高新技术领域，中国企业近年来发展较快，一些在国内领先的家电、IT、通信等企业开始通过跨国并购的方式进军发达国家的市场。比较突出的例子有TCL 收购阿尔卡特、汤姆逊，联想收购IBM 的个人电脑业务等。这些案例中成功的例子不多，不仅有一些收购计划失败，如海尔竞购美泰克、华为并购3COM 公司；而且有的收购完成后发生了巨额亏损。

从总体上看，中国企业在发达国家的高新技术领域的投资并不容易进行，有很多的风险阻力。首先就是与能源行业一样，发达国家对中国企业严厉地实行"国家经济安全"为由的歧视性干预，限制、禁止中国企业的进入和并购。发达国家对本国高新技术防范严密，总是担心中国企业通过跨国并购的方式轻易拿到，所以对中国企业在高新技术领域的并购投资疑心重重，总是希望进行干预。联想收购IBM 个人电脑业务的过程中，遭到了美国外国投资委员会长达40 多天的严格的安全审查，最终迫使联想特别签署了一份技术保密协议。

最后，中国企业在收购完成后面临很大的整合风险。TCL 在收购汤姆逊完成之后，并没有实现预期的效果；由于对技术升级缺乏战略判断，加之对汤姆逊企业内部整合不顺利，导致TCL在收购后出现巨额的财务亏损。

从为数不多的案例看，中国企业在高新技术领域的对外投资并购是存在很大风险的。

二、东道国地区差异

中国企业在不同的国家或地区存在差异鲜明的跨国经营风险遭遇，这种差异最大的是存在于发展中国家与发达国家之间。中国企业在发展中国家和发达国家都会遭遇跨国经营风险，但跨国经营风险形态有很大的不同，如果说发展中国家在跨国经营风险上存在缺乏规范约束的风险，那么发达国家则恰恰是以规范形式产生对中国企业的风险威胁。

（一）发达国家

中国的企业家一般都认为在欧美发达国家投资安心多了，比较发展中国家没有约束的政府权力和混乱的社会秩序而言，欧美国家简直就是投资的天堂。如果要说发达国家对中国企业有什么不利的话，也主要是在政治外交、意识形态等方面。否则，只要不涉及政治和意识形态，在这些国家投资就最理想的。

欧美国家尽管体制良好、制度完善，处理事务讲究程序和法律，各方面非常规范，但实际上，许多中国企业在发达国家的风险遭遇恰恰是因为其规范导致的。我们当然要承认，发达国家的法治水平是最高的，政府运作是成熟稳定的，它们在法律、政策上鲜有变数，不像一些拉美或非洲国家，换一届政府，法律就都变了。然而，发达国家也不是绝对的跨国投资安全港，它也有其产生风险的方面，而且它最突出的特点就是总以法律规范的形式来制造风险的事实。在欧美发达国家，风险的来源有时恰恰相反，不是不规范，而是所谓"规范"性风险。

一方面，由于我们的投资者对发达国家的法律了解程度不够，并且观念上没有适应一切讲规范讲法律的西方文化。在中国投资，可能人为方面的因素比较多。比如外商来投资了，把当地政府打理好，甚至通过某个领导说一句话，就一路绿灯了。在西方国家，这是不太可能的。

另一方面，更主要的是欧美国家经常有意地用技术标准等规范因素来限制、阻挠中国企业的跨国经营。例如：欧盟针对中国纺织品和小商品，打的是"反倾销"

的旗号，祭起的是规范的法宝。美国召回中国玩具、加拿大拒绝中国学步童车，拿出的是法定质检报告，祭起的同样是规范的法宝。一些收购项目，如TCL收购德国施奈德、中石化企图参股加拿大阿尔伯特省油砂项目、中海油并购美国优尼科等，相继遭遇阻力和风险，对方不是摆出"国家战略利益保障"，就是拿出民调结果，祭起的同样是规范的法宝。甚至，中国在当地企业的用工、税务、环保和安全问题，中资企业在国内加工工厂的劳动强度、质量标准甚至厂房环境，也不时被作为"规范"的对象拎出来，成为风险的来源。

不但中小企业被"规范"，大企业也概莫能外。新成立的国投公司刚刚挂牌，国际上"警惕中国国家资本扩张"的声音便骤然高涨。而且这些"规范"并不仅限于本国，如美国就经常针对中国对某些"敏感"国家的投资发声；近来欧盟各国，尤其法国和德国，也不断发出希望中国"规范"对非洲投资的声音。

这些"规范"有时是小动作，如修改某个产品的配额，提高对某些商品的海关抽查率，影响的是个别商品、个别企业、个别市场；有些却是非常大的动作，如美国对中国倾销问题的世贸组织反倾销指控，以及美国、欧盟压迫人民币升值的软硬兼施、轮番高压，相信几乎每个涉外企业都难逃其波及、难免其风险。

不过话说回来，尽管发达国家居心不良地利用规范问题卡中国企业，但毕竟是以规范的形式操作的，这远比不规范的、赤裸裸的粗暴破坏强得多。这些规范一方面是对中国企业的紧箍咒，但另一方面，"规范"至少在理论和法律层面上是一视同仁的，可能为中国企业提供免遭风险的保护伞。如果在发达国家熟悉"规范"、掌握"规范"，中国企业在减少、降低风险方面就有更强的操作能力。

在发达国家，还有两个常见的令中国企业头痛的风险来源，而且同样是以规范性来表现出来的：一个是工会，一个是环保。在欧美国家里，如果不考虑这两个问题，中国企业跟投资商或者是合作伙伴谈得再好也不行。这些国家很强调对工人权益的保障，在当地建厂也好，并购也好，外来企业不能随意解除当地的员工。欧盟国家更是严格，他们的劳动力市场是不对欧盟外国家开放的，中国企业只能用它当地的劳动力。如果要解聘现有的员工，企业必须支付高额的安置费或者补偿费。在环保问题上，欧美国家要求也很严格，如果不达标，就会受到严厉的处罚。许多中国企业就因为环保问题交纳了不菲的学费。

发达国家不仅以法律规范为理由对中国企业使绊，而且会以多元分化的政府体制进行搪塞，行政部门、司法部门经常以自己无法干涉另一机构的决定来维持对中国企业的不公正对待，实际上是相互踢皮球。这种情况下，中国企业会发现发达国家风险甚至比发展中国家风险更高，因为后者至少可以通过最高的权力中心达成某项协议并付诸实施，而前者的多元体制使得企业有时无所适从，找不到能够保障投资协议的可信承诺方。

· 案例 ·

2.2 中国河北企业在乌克兰的汇兑风险

中国河北某外贸公司长期从事食品出口业务。2013 年与乌克兰一家进口公司签订了一笔 2 个柜的速冻玉米出口合同，合同主要条款如下：CTF 乌克兰敖德萨港；30% 预付货款，70%T/T 凭单传真件付款；2013 年 12 月底出运。

合同签订后，出口人收到进口人的预付货款。12 月 20 日该公司将货物装船发运，之后取得正本提单。2014 年 2 月 10 日，船到港前一周，相关业务人员开始催促客户付款，但客户迟迟未能付款。理由为乌克兰当时局势动荡，该国政府规定每个企业每天只能兑换 1000 美元。因此，进口人手中只有乌克兰格里夫纳，而无美元可付。进口方询问中方是否能够接受乌克兰本币，中方公司明确表示不能接受，并告知对方，如果不能按期支付美元，中方将自行处理货物。货物到港后，客户要求申请货物在港免堆存期，坚持要这批货物。在这种情况下，我方出口公司及时提出了几种应对方案：一是加强与乌克兰客户的联系，敦促其尽快付款；二是联系船公司做好运回准备；三是由于该公司与出口信用保险公司签有信保合同，因此联系信保公司评估损失；四是同时与当地其他客户做转卖比较。该公司信用管理部门与相关业务人员分析认为这几种解决方案除第一种外，其他三种都会对出口人或多或少造成损失，尤其是第二种，如果货物运回损失将是巨大的。因此，该公司业务人员坚持与客户不断进行深入沟通协调，最终于 2014 年 3 月 6 日收回全部货款。

该公司能够最终安全收汇主要在于该公司设有健全的风险管理机构。

由于我方出口公司与乌克兰客户初次合作，对其信用度了解较少，因此在谈判阶段该公司风险管理部门坚持要求业务员按 CIF 价格成交，从而保证我方安排租船订舱，将物权凭证——海运提单正本掌握在自己手中，控制了货权。同时付款方式要求 30% 的预付，并且收到预付货款后再行发运，从而使自身的利益得到了一定的保证，同时对对方起到了较强的约束性。在对方不付款的情况下，风险管理部门与相关业务员一起分析，得出了乌克兰汇兑政策可能只是进口方的借口，真实原因在于乌克兰局势动荡导致乌克兰格里夫纳贬值，而使其进口成本增加。因此，在与其联系时，指出如果对方不能付款，将扣除其预付款作为违约罚金，如此将使得进口方损失加大，最终促成了成功收汇。此外，强化与客户的沟通和联系也是成功收汇的原因之一。实际上，一些中国外贸企业在遇到收汇风险时，没有第一时间进行响应，最终由于拖延造成了坏账。根据邓白氏公司的调查数据，当收款逾期在一个月内，成功收回货款的比率是 93.8%；逾期六个月左右，该比率降至 57.8%；逾期超过一年以上的，该比率锐减到 26.6%。

（二）中东、非洲地区

中东和非洲地区是全球风险因素较为复杂、风险较为集中的区域。中东地区的风险主要来自于石油资源引发的各方利益角逐，以及宗教和文化等冲突；非洲地区的风险主要来自经济和工业基础薄弱、发展动力欠缺等。

中东国家以两河流域为发源地，自古以来就因为地理环境优势而成为重要的农业区域，进而形成古巴比伦文明。但也正是因为经济富庶，引起外部民族的觊觎，并因此带来了连绵的战争。大量石油资源的发现和汽车的广泛使用为中东地区带来了巨额的财富，也招致各方广泛关注和争夺，引起了中东的不稳定。宗教之间以及不同派系之间的冲突增加了中东社会的动荡，给外来投资造成的冲突不可忽视。中东地区是中国企业开展对外工程和劳务合作活动的重要区域，早在海湾战争前不少企业就已经承建了伊拉克的项目并因战争遭受过不小的风险。美国等西方国家以出口管制等方式阻碍各国企业参与伊朗等国的贸易投资活动，这也给中国企业在中东的跨国经营带来较大影响。2016 年以来，中兴受到美国商务部有关向伊朗电信运营商出售含有美国生产零部件的指控，导致企业遭遇巨大风险。在叙利亚内战连绵、大马士革遭受美英法袭击、也门内战、巴以冲突加剧等地区不稳定局势更趋复杂的情况下，中国企业在中东地区的跨国经营活动面临的挑战也更加突出。尽管伊斯兰国已经覆灭，但极端伊斯兰文化对经济社会的冲击依旧存在，很可能以更为分散和隐蔽的方式对企业跨国经营活动造成包括安全风险在内的更多风险。

非洲地区的风险主要缘于发展的不平衡与不充分。北非国家在茉莉花革命后并未出现想象中的经济复苏，各方力量的对抗导致政策环境变化频繁，企业投资意愿和收益均有所减弱。撒哈拉以南的非洲是全球最不发达国家最为集中的区域。殖民地时期留下的不完整的工业体系在很大程度上削弱了各国参与全球经济发展的能力。中国企业在非洲一些国家发展较早，受当地经济基础、产业结构和人力资源约束，企业发展水平相对不高。尽管中国经济发展对全球大宗商品市场带来促进，使得大宗资源出口国从发展中获益，但有关中国威胁论和新殖民主义的指责却不绝于耳，给中国企业在非洲的跨国经营环境增大了风险。近年来，美国、日本等西方国家对非洲更为看重，纷纷加强了与非洲的联系，通过各种方式为本国企业在非发展创造条件。只是在发展过程中，由于市场容量有限，对现有市场竞争者的冲击较大，一些非政府组织或代言人对跨国企业的指责增加，干扰了舆论，使得一些不了解真相的群众出现认知上的偏差，对跨国企业的发展带来较大影响。此外，不少非洲国家相对薄弱的治理能力和军事实力也给恐怖组织的发展提供了空间，博科圣地等恐怖力量活动频繁，给包括中国企业在内的各方在非经济活动提出了挑战，增加了风险。

（三）拉美地区

近年来，拉美政治形势发生了深刻变化，左翼浪潮出现拐点，影响政策走势。除了秘鲁的左翼以微弱优势赢得总统大选外，其他国家的政局变化幅度较大。2016年2月，左翼的玻利维亚总统莫拉莱斯在全民公投中失利，失去连任资格。自失去国会控制权后，委内瑞拉总统马杜罗领导的左翼政府与反对派斗争激烈。2016年8月，巴西总统罗塞夫遭到弹劾，中右翼副总统特梅尔掌权。左翼党派除了在尼加拉瓜大选中胜出以外，其他国家的中右翼党派接连上台，改变了拉美的政治版图和生态。2017年的拉美政坛正值厄瓜多尔、智利等国的大选，尽管厄瓜多尔的左翼政党仍然保持执政，但新总统的态度较为温和，对原有政策可能将有所调整。智利执政的中左翼联盟在2016年10月的市政选举中失利，中右翼联盟将有可能获得更大支持。左翼政府向右翼政府的转变势必将影响政府政策的重心和方向，导致政府与市场之间的角色定位产生一定的变化；也可能对社会经济的管理提出新的思路，降低国有化风险，引起投资环境的较大变化。政府的更迭往往会改变原有的发展思路，已有的或计划推动的重点项目可能会出现较大调整，从而对企业相关领域的探索和发展造成较大影响。

美国政策变化会对拉美国家产生较大的溢出影响。尽管美国奥巴马政府与古巴改善了关系，双方向着外交正常化方向发展，但特朗普上台后采取的政策则可能完全不同，基于意识形态的冲突可能被更多的经济利益所影响。作为拉美地区最重要的经贸合作伙伴、出口目的地和资本来源，美国政策的变化对其经济发展的影响不容忽视。尽管美国实体经济的复苏有所好转，但其政策的不连贯和转折对拉美的冲击将是巨大的。美国的贸易保护主义政策使得多数拉美国家对美出口面临较大的不确定性，寻找市场多元化发展的需求增加。美联储的退出量化宽松政策和缩表对拉美的外溢影响也很大，资金从拉美地区回流美国，增加了这些国家发生危机的概率。美元升值预期加强，虽有利于拉美国家对美出口但不利于偿还已有债务。美国对拉美国家债务的催收和态度增加了债务国的违约风险，进一步引起各国主权信用等级的调降。

经济复苏乏力增加了社会冲突，影响了正常生产活动。拉美国家经济普遍承受着较大压力，在未来短期内难以出现明显改善。经济发展缓慢、通货膨胀率高企，失业率的上升将严重影响社会供需关系和运转模式，对现有的生产生活带来较大影响。为争取权益保障和补偿的游行示威或抗议活动在拉美国家更容易出现，不仅会阻塞交通降低物流效率，还会影响企业的正常生产活动，降低经济运行效率。农业和矿产资源开发在拉美经济中所占比重较大，都需要持续稳定的劳动力保障。罢工和工会运动对工人权益的保护若影响了企业的正常生产运营，将对企业带来不可弥补的巨大损失，甚至导致外资的撤离。拉美国家需要加强基础设施建设投入，但经济乏力直接影响到政府财力，降低了基础设施改进和更新的能力，对经济发展产生了直接的制约。

犯罪活动和治安问题也增加了投资合作风险。尽管拉美国家近一百多年未发生过大规模战争，但由于武装冲突、贩毒、涉枪等问题造成的社会冲突和治安问题依旧较为突出。尽管哥伦比亚政府与反政府军达成了半个多世纪来的首次停火协议，作为内战根源的权力分配和行政统一管理仍未能完全实现。围绕哥伦比亚、厄瓜多尔、玻利维亚和秘鲁的"银三角"毒品产区，国际毒贩猖獗，犯罪活动影响深远，甚至形成了较为稳定的经济发展模式，具备了对抗政府的军事力量，并通过跨境毒品交易影响广泛。许多拉美国家的社会治安不佳，在经济不景气时期，政府财力不足在很大程度上限制了社会管理能力，减少了安保力量的投放，导致许多地区的治安环境进一步恶化。

文化差异对投资活动影响不容小觑。中拉距离遥远，双方文化差异较大，企业对拉美国家投资合作，需要提高对当地文化环境的适应性。文化的不同广泛表现在语言、生活态度、交际方式、工作理念等各个方面，对企业开展投资活动影响巨大。拉美文化起源于美洲印第安土著文化、欧洲基督教文化和非洲黑人文化等多种文化，是多文化混合、异质文化汇集的结果。同时，拉美文化极少有保守性和排他性，而是善于引进和吸收其他文化的成果，具有较强的亲和力和融合性。受此理念影响，拉美国家对于外来企业的要求更看重其社会效益，尤其是对个体受雇人员的权利保护和需求满足，工会力量相对较为强大。首钢在秘鲁的投资就曾长期受到罢工等事件的冲击。多数国家对投资者的社会责任要求较高，监督机制较为全面，对企业行为的约束力较强。近年来，随着中国与拉美和加勒比国家共同体论坛的建立，双方有了交流对话的平台和机制保障，有利于交流各自所长，增进相互理解，减少因为文化和认知差异造成的不必要冲突和矛盾。文化交往的增加也降低了经贸合作的难度，改善了双方经贸发展预期，有利于促进务实合作。

（四）其他周边国家

东南亚国家一体化程度还不高，机制尚未建立，内部资源的整合和对外谈判的能力都不强。除了成员国之间存在不少矛盾和摩擦外，来自域外国家的影响也不容忽视。

领土领海争端尚未形成稳定有效的解决路径。南海问题涉及国家较多，相对较为复杂。2002年中国与东盟各国签署的《南海各方行为宣言》成为第一份中国与东盟签署的有关南海问题的政治文件，各方承诺根据公认的国际法原则，包括1982年《联合国海洋法公约》，由直接有关的主权国家通过友好磋商和谈判，以和平方式解决它们的领土和管辖权争议，而不是诉诸武力或以武力相威胁。同时，在全面和永久解决争议前各方可在海洋环保、海洋科学研究、海上航行和交通安全、搜寻与救助，以及打击跨国犯罪等领域进行探讨或开展合作。2016年7月，海牙国际仲裁法庭对菲律宾前总统阿基诺三世提起的"南海仲裁案"做出裁决，判断菲律宾"胜诉"，否定了"九段线"，还宣称中国对南海海域没有"历史性所有权"。该裁决严重影响了南海的稳定发展。但菲律宾新总统杜特尔特为缓解南海冲突调整了菲律宾的态度，采取了更为积极和务实的做法。不仅如此，越南、马来西亚等国在南海问题上也各执己见，美国、澳大利亚、日本和印度等与南海并无直接联系的域外国家以所谓"航行自由"为原则，在干预南海问题上不遗余力，事实上反而增加了南海的不稳定，不利于相邻各国经济利益的实现。未来在短期内，南海问题可能不会找到简单的解决路径，回到《南海各方行为宣言》应是最为可行和有效的方法。

较低的一体化水平难以充分发挥市场规模优势。东盟一体化水平较低，尚无法实现货物、资金、人员的自由流动，在吸引企业开展贸易和投资上的吸引力相对不强。同时，在检验检疫和投资后的行业监管方面，各成员都有不同的做法，增加了企业在东南亚国家跨境配置产业链和提供服务的难度。东盟内部各国的经济发展阶段、产业特点和市场需求都有较大差异，各方的利益点相差较大，不易就对外谈判达成共识。比如，新加坡经济发展水平较高、国际资本市场影响力较强，但本地市场空间狭小，产业优势集中于服务业。文莱受国际原油市场发展影响较大，较为富庶但农业和工业不强。印尼人口众多且地域分布较广，国内市场发展潜力较大但基础设施、互联互通和电力保障不够，农业和工业发展需求较强。越南政府对市场发展的影响较大，本拟通过TPP扩大开放但未能如愿，对服务业开放的兴趣不大。中国企业在东盟的投资虽在当地华人经济较重的情况下可能面临较小的文化差异，但业务拓展并不容易，跨境的商品交易受监管和检测的成本较高，甚至出现因产品或产业同质性较强而导致的过度竞争。

较高的社会发展理念与现有监管能力不足之间的矛盾。东南亚国家对经济社会可持续发展的要求较高，希望投资企业在投资合作时能够充分尊重东道国的经济社会环境，为经济社会发展做出贡献，但其社会的相应规范建设仍然薄弱，无法为企业提出切实可行的参考。以缅甸为例，在经济发展中需要加强基础设施建设，为社会发展提供充分的电力供应。但在通过正常手续完成密松水电站招标且中国企业已经实质性投入资源后发生反转，至今项目依然暂停，而项目申请方已经按照缅甸相关要求完成环评。在此情况下，中方企业去承揽其他水电项目可能会面临同样的问题。来自域外国家的非政府组织在引导社会舆论方面发挥的作用较大，企业的利益可能受其较大影响。其他东南亚国家的政府资金也不充分，希望通过PPP（公私合营）等方式借助社会资本和企业力量，但由于许多国家政府的政策稳定性不强，对企业的利益无法提供充分保护，跨国企业投入大量资金进行长期运营的信心不足。

· 案例 ·

2.3 中国 X 公司在委内瑞拉的汇兑风险

中国出口企业 A 公司于 2006 年向委内瑞拉某大型电信运营商 C 公司出口手机 10000 台，价值 200 余万美元。由于委内瑞拉外汇管理制度较为严格复杂，为了获得支付货款所需的外汇，C 公司随即向委内瑞拉外汇管理委员会（CADIVI）提出美元购汇申请，并取得相应的许可 AAD（Autorización para la Adquisición deDivisas）。

2006 年底，C 公司根据已取得的购汇许可 AAD，申请以美元支付到期货款时，恰逢委内瑞拉政府对 C 公司实行国有化，CADIVI 以 C 企业需要审计为由，拒绝了 C 公司的购汇请求。

由于投保了出口信用保险，A 公司遂委托中国出口信用保险公司（中国信保）代为追讨欠款。A 公司积极向中国信保提供了中间商、买方的详细信息，中国信保通过中间商敦促委内瑞拉的 C 公司完成外汇申购，最终成功追回全部欠款。

2.4 金融风险下香港百富勤集团破产

　　香港百富勤集团原本是一个以香港为基地、以投资银行为主体、拥有240亿港币资产的跨国公司。1998年初，标准普尔公司将印尼盾的信贷评级降至垃圾等级，印尼盾与美元的比价在一周内跌至1.1万盾兑换1美元的新低。这就导致百富勤在印尼的6亿美元贷款和金融远期合约投资在财务报表上的账面价值由53亿美元跌至32亿美元。此外，瑞士苏黎世中心集团（ZCI）在1997年曾承诺认购百富勤2亿美元的股票，附加条件是认购结束前资本市场和百富勤的经营状况无重大变化。认购成功后，ZCI将成为百富勤的最大股东。

　　然而，1998年1月6日，ZCI以亚洲金融危机恶化、部分国家货币贬值为由，提出将认股价由每股8元港币降至5.75港币。1998年1月7日，受媒体报道百富勤有可能无法收回印尼贷款的影响，百富勤的股价跌至4.3元港币。ZCI随即以股价大跌为由，进一步降低认购价。1998年1月9日，百富勤失去芝加哥银行承诺的贷款，ZCI最终决定不对百富勤投资。

　　雪上加霜的是，因百富勤无法向债权人支付6000万美元的到期债务，所有银行停止支付其账户；香港联交所暂停百富勤证券的会员资格，停止其证券买卖；香港期交所只允许百富勤期货进行平仓交易；香港证监会向百富勤旗下10余家子公司发出限制通知书。至此百富勤正式濒临破产边缘。

第三章

中国企业遭遇跨国经营风险的成因

企业在跨国经营中日益频繁地遭遇国家风险，原因是多方面的，既有客观的原因，也有主观的原因。各家企业面临的具体原因虽然各有不同，但其中又存在共同的背景与风险管理方式上的不足。下面我们将对中国企业遭遇跨国经营风险的客观背景及风险管理上的缺陷进行分析。

第一节 外部因素

中国企业在开展跨国经营的过程中，不仅受到全球经济形势和贸易投资活动变化的影响，在重要的投资东道国或区域所受到的外部因素也不容忽视，不仅为跨国经营增加了不确定性，还可能影响企业的全球化业务布局与长期发展。

一、经济因素：世界经济放缓与投资环境恶化

2008 年全球经济危机爆发以来，不同行业领域的经济发展受到不同程度的冲击。其中金融市场首当其冲，金融机构因相互持有金融产品受到快速广泛波及。各国政府为扩大流动性采用了积极的货币和财政政策，向市场注入天量流动性，致使政府债务和企业债务快速上升，透支未来财富，形成长期发展压力。标准普尔公司报告显示，2015 年是2009 年以来全球债务违约企业最多的一年，数量较上一年增长近一倍；美国违约企业进一步增多，全球违约企业中约六成来自美国。发达经济体消费市场萎缩，进口需求减弱，影响了发展中国家出口，造成部分领域产能过剩，

引致全球经济发展再平衡。大宗商品市场在经济危机爆发前站上历史高位后持续下降，虽然有利于降低石油消费国的成本，但大幅减少了能源资源出口国的收入，增加了相关行业的债务风险。以2015年为例，美国的石油与天然气行业的违约企业占美国违约企业总数约四分之一，而新兴市场该行业领域的违约企业占比也达到了23%。

在经济不景气的环境下，贸易保护主义泛滥。许多国家的政府为了保护本国商品在国内市场免受外国商品竞争，并向本国商品提供各种优惠以增强国际竞争力。在实施上，保护的手段既有透明的极端化的关税、政治或军事手段，又有隐蔽的各种非关税壁垒，包括技术和绿色壁垒在内的各种新的保护手段不断出现，甚至出现为了保护本国利益的多国联合行动。

WTO对2018年和2019年的全球贸易保持了4.4%或4.0%的增长预期，但就贸易保护主义对全球经济的负面影响表达了担忧。即便是尚未实施的贸易保护主义措施已经对未来经济贸易的发展产生了影响。2018年3月，采购经理人指数出现下降，反映了出口订单的放缓。WTO认为，主要贸易伙伴间的贸易停滞不仅威胁到近年来的贸易复苏，而且在全球化的经济下对各国都将产生联动影响。

二、政治因素：疑华与遏华言论行动更趋明确

近年来，全球投资流向逐渐出现新的特点。发达经济体在全球对外投资中占据主导地位的局面逐渐弱化，发展中国家在投资来源地中的位置越来越重要。面对越来越多来自中国的对外投资，一些国家开始更多地在政治层面思考和判定外来投资的合理性，而"一带一路"沿线地区地缘政治对中国企业的风险影响也更为突出。

（一）欧美安全审查的加强

美国对外来投资的审查始于20世纪日本对美投资快速上升时期。为了避免日本企业对美国企业的大幅收购，美国国会授权政府组建外国投资委员会（CFIUS），对外国对美投资并购是否威胁美国国家安全进行审核。除财政部外，CFIUS的组成部门还包括国务院、国防部、商务部、贸易谈判代表办公室、司法部、国土安全部、白宫国家安全委员会、白宫科学技术办公室、管理及预算办公室等15个部门。通常，上述几个部门会有副部长来负责分管CFIUS事务，同时，相关助理部长则负责CFIUS的具体事务。

2017年11月，美国参议院共和党党鞭科恩（John Cornyn）和共和党参议员皮廷格（Robert Pittenger）表示，将公布准备已久的CFIUS审查扩容法案，推动2007年以来的首次CFIUS改革。在法案中，美方要求扩大CFIUS进行审查的投资范围，新增对合资企业及少数股权投资的审查，以及对靠近军事基地的房地产交易的审查。在推动立法动机上，科恩毫不掩饰是出于对中资企业在美收购的忧虑，并在2017年9月的参议员银行委员会听证会上多次提及中国投资对美国造成的国家安全威胁，认为中国企业收购美国技术，破坏了美方的比较优势和工业基础。为此，科恩提出对CFIUS的四方面改革：（1）无论交易是否改变美企控制权，均扩大CFIUS的权力来覆盖包含知识产权转让在内的交易；（2）增加CFIUS审查房地产交易的权力；（3）起草"特别关切国家名单"，在敏感技术和来自"关切国家"的投资者方面增添交易特殊要求；（4）CFIUS扩权至审查合资企业以及少数股权投资交易。

2018年，在美国政府就知识产权问题对华完成"301调查"后，特朗普总统签署备忘录，除了决定要征收高额关税之外，还要求财政部对中国企业对美投资实施更为严格的审查，从而增加了更多政治关切。

美国之外，德国、澳大利亚等国也表达了对中国投资的担忧。继2016年5月叫停中国买家对澳肉牛企业基德曼集团的股权邀约收购后，澳政府于2016年8月否决了中国国家电网收购澳洲电网项目，之后澳大利亚总理特恩布尔在2017年又在多个场合公开表达了对中国企业投资及所谓干预澳政治经济的抱怨，这给中澳经贸关系的发展带来了较大不确定性。

2017年7月，德国内阁通过了对外经济法修正案，对欧盟以外投资者在德国的收购制定了新的审查规则。该法规允许德国政府对直接和间接的外国收购进行更广泛的审查，引入了告知义务、更多的行业领域和更长的审查周期，涉及的产业包括能源、水资源、营养、信息技术、医疗、金融服务和保险、交通以及关键基础设施软件、通讯拦截、云计算服务和医疗远程信息处理等。

（二）地缘政治风险突出："一带一路"沿线国家的特征

"一带一路"沿线国家国情复杂，地缘政治风险较为突出。地缘政治的风险主要表现为两类：一类风险产生于力量集团竞争的交汇地区。比如中东、中亚等地区是传统上风险较为集中的区域，在激烈的大国冲突和集团交界的边缘区域，各国利益对抗严重，甚至导致低烈度的局部战争。克里米亚和乌克兰冲突，以及美英法联合打击叙利亚都成为此类地缘冲突的典型代表。中国企业在参与沿线国家的"一带一路"合作项目中面临着当地地缘风险外溢的影响。企业直接参与的项目可能受到一定冲击，而投资环境的变化也可能会在更多情况下改变企业对风险的判断和应对模式。另一类风险来自"一带一路"国家之间的政治冲突与风险。一些国家历史上存在边境问题，在实际控制与边境确定方面存在矛盾，进而影响到国家间经贸合作。因为跨境水资源和水权等问题彼此存在矛盾的情况也不鲜见，参与相关项目很可能给企业带来较大风险。

尽管"一带一路"倡议遵循"共商、共建、共享"原则，欢迎各方根据自身需要提出意见并共同推进，但在一些国家部分媒体的刻意歪曲和挑唆下，原本有利于各方经济发展的"一带一路"倡议目前受到了一些负面影响，当前机制中存在的不足被过分解读和放大。各国在推动互联互通和开放合作的过程中，对市场开放和要素自由流动表现出更多担忧。例如，2018年4月，德国《商报》称除匈牙利之外的27个国家在集体反对中国"一带一路"的报告上签名，对中国项目提出了一些尖锐的看法和批评。除此以外，快速推进的项目也存在因市场行为产生的非理性，在某些情况下较多地超出了部分国家和地区现阶段的发展水平和需求，有可能产生长期负面影响。国际货币基金组织（IMF）则对"一带一路"倡议可能带来的债务问题表达了担忧。如果此类问题未能得到有效的协调，不仅会影响各类合作的可持续性，也可能给中国企业未来参与"一带一路"区域的经贸合作带来许多负面影响。

三、社会因素：各方关注提出更高标准和要求

伴随中国企业全球影响力的增加，各方对中国企业行为的要求和标准显著提高，要求企业承担更多的社会责任，而来自媒体和非政府组织的关注则大幅放大了企业行为的社会影响，也给企业的跨国经营带来风险。

（一）社会责任要求的提高

社会责任的理念自产生以来便被各方广为关注，虽然有不同的提法，迄今仍未形成被普遍认可和采用的标准，其内涵和外延不确定。伴随中国企业海外经营规模的扩大和数量的增加，各方对中国企业承担社会责任有了更为多元的诉求。如果未能相应改善和提高服务能力，可能对企业的持续经营带来负面影响，但是过度承担社会责任则会增加企业成本，甚至对企业自身经营活动的模式产生

较大的影响。

通常发展理念下，跨国投资活动由发达经济体向发展中经济体发起，跨国公司处于产业链的相对优势位置，被东道国社会各方期待发挥更大作用、承担更高责任。近年来，发展中国家企业对外投资增加后，情况却正好相反，不少企业期望通过对外投资提升自身的产业竞争力。相对而言，发达经济体的经济发展水平较高，各项标准与管理更加完善，对社会主体的要求更高，惯于以同样的标准去要求包括外资在内的各个企业。中国企业在对发达经济体的投资中，如果无法相应地调整自身做法，可能会受到更多阻碍。

发展中经济体不断融入全球经济社会，在发展过程中同样会受到来自外界的更人影响。一些非政府组织以国际通行规则和要求等方式对企业行为进行判断，并利用各种场合宣扬其观点与主张，给外资企业带来更大压力。由于尚未形成稳定的发展模式，不同的机构从不同角度切入，对企业行为提出要求，很可能带来更大挑战。从实践来看，对企业的要求既有创造社会财富、增强经济发展动力，又要有利于环境保护、提高社会和谐发展，还可能涉及为东道国当地产业升级、技术发展提供支持等，情况较为复杂。

在东方文化的影响下，不少中国企业更愿意踏实发展，"只做不说"或"多做少说"。但缺乏与媒体打交道的意愿与能力，可能造成企业为当地社会所做贡献不被知晓或被低估，从而减弱了相关行动的实际影响和社会效果。

（二）涉华公共舆论的不利

近年来，伴随中国企业跨国经营活动影响力的增加，各方的关注在增加，媒体或其他公共舆论的关注点和言论对企业带来的影响也在发生变化，可能对企业的经营活动带来更为不确定的外部环境。

媒体报道较为关注事件的新闻性，在报道上往往有失公正，容易引起负面的联想。一方面，不少中国企业因为不熟悉当地的做法，或被当地相关机构的部分人员所要挟，受到不公平的待遇，却只想着息事宁人而没有采取法律途径维护自身权益，媒体则选择性地忽视；另一方面，部分中国企业的违法违规举动被扣上大帽子，不对行为根源或涉及的当地利益相关方的内容进行区分而加以指责，引起民众对中国企业的普遍质疑，对中国政府干预其国内政治经济活动产生怀疑，出现扩大化的反应。赞比亚曾经出现因劳资纠纷引发的人身伤害，尽管原因复杂，但因为缺乏合理的解释氛围与机会，在当地媒体的渲染下产生了扩大化影响。

非政府组织在承担部分社会职能、监督政府和市场行为中扮演重要角色，但某些情况下也可能因为误判或有意行为给社会经济带来负面影响。近年来，中国企业在传统投资目的地的行为被一些非政府组织密切关注，甚至有时出现绕过法律政府管理直接煽动民众反对的情况，不仅给企业经营带来更多不确定性，也可能干扰和破坏正常的社会环境，影响政府管理的公平性和公正性。

第二节　内部因素

中国企业跨国经营风险的内部因素不可忽视。由于企业国际化进程启动晚而形成的后发劣势、国内中介机构国际化水平较低，以及企业海外经营活动不规范等都增添了跨国经营的风险。

一、中国企业海外投资"后发劣势"

与发达经济体的跨国公司相比，中国企业后发劣势明显，不仅在所有权掌控上可能面临更大压力与风险，而且因跨国经营地区的高风险性，以及投资主体与形式相对单一等特点而可能面临更多风险。

（一）缺乏"所有权优势"

中国企业开展跨国经营较晚，在竞争中已处在较为不利的局面。发达国家跨国公司的国际化自20世纪70年代开始，业已形成了较为完整的国际化布局，不仅控制能源资源的开发，而且通过知识产权布局和国际营销网络占有对外来竞争者形成排斥局面。

应该讲，发达经济体的跨国公司大多占据了利润丰厚、风险较低的地区和行业，能以相对较低的成本实现高额利润。中国企业开展跨国经营，尤其以投资方式实现国际化，可能需要付出比西方企业高几倍的成本，同时承担较大的风险。所有权优势的缺乏成为中国企业跨国经营的软肋，也在一定程度上削弱了中国企业追赶国际领先同行的进度。

虽然新加坡等国对电信基础设施的排他性进行限制，但多数经济体并未有完善且执行良好的知识产权管理模式。行业先进入者对后来者的阻碍并不困难，事实上也在通过显性或隐性的方式阻止竞争或设置较高的准入门槛。特别是，发达经济体的跨国公司往往会围绕其优势产品或技术设立知识产权保护盾牌，以阻碍或放缓其他企业的发展速度。

（二）投资地区和行业的高风险性

中国企业开展跨国经营较为集中的区域大多经济发展水平较低而风险水平较高，前几年这一现象更为明显。相对而言，风险水平较高的地区也可能给企业带来更为丰厚的回报，吸引投资者关注。

以中东地区为例，海湾战争爆发前，已有很多中国企业在当地开展业务，获得了相对更为丰富的回报。此类行为鼓励和吸引了其他中国企业的跟进。一些产油国在历史上曾经采取国有化措施，使得西方大型跨国公司遭受较大损失，进而对此类高风险投资敬而远之。一些中国企业填补了上述区域投资的空白，也因此获得了不错的投资收益，但可能伴随风险的集中爆发陷于不利局面。经济危机造成各国经济发展动力的减弱，需要寻求更为有效的发展模式，而未来一段时间全球极度宽松货币政策的退出则给高负债的经济体带来较大压力。历史上，一些国家曾经出现因为债务压力过大而采取国有化的解决方案，在油气行业领域表现尤为突出。高风险区域投资的集中也使得中国企业面临更大的现实风险或潜在风险。

（三）投资主体和形式的相对单一

中国经济社会的发展不断产生出新的市场主体，对外投资也从以国有企业为主向多种所有制并存发展转变。但国际化的风险较大，给企业提出的挑战较大，并非所有企业都能具备跨国经营的能力。相比而言，已有相关投资经验的企业更愿意扩大跨国经营的范围和深度，经验积累和网络布局相对降低了进一步投资的难度，因而继续扩大投资、进行再投资的意愿较为明显。

链式投资活动和工程承包等跨国经营活动容易在相同企业中反复和发展，但基于已有成绩做出的投资复制与追加行为并不一定会带来新的成功。部分中国企业可能会过于相信其已有经验而盲目投资，不仅给自身发展埋下隐患，也影响了产业链上相关企业的发展轨迹，造成风险的传递和转移。

二、海外投资的国内中介结构发育不足

中介服务涵盖会计、法律、咨询、公关等多个领域，是企业开展经营活动的重要辅助力量。从西方国家发展经验来看，中介机构伴随企业共同开拓国际市场能够有效发挥中介机构的专业能力，降低企业国际化的风险。但中国的中介服务机构走出去步伐仍落后于企业国际化的步伐，无法为企业提供充分的跟随式服务。

中国开展跨国经营的企业多是运营商、生产商、贸易商和承包商，目前尚缺乏投资银行和投资基金等力量。国内投资相关的中介机构能力欠缺，没有足够的资源和知识储备，无法帮助企业在跨国经营中寻求最优路径、降低投资风险。跨国经营相关的中介服务发展不足使得企业没有充分的能力进行市场分析、控制投资风险。

跨国企业需要熟悉企业国内运营模式和状况，同时能够有效沟通并减少投资东道国环境陌生感的中介服务机构，但不少中国企业都遭遇过中介服务不足的制约。中电电气集团在阿尔及利亚的项目就是在获得业主方合作意向后，因为找不到能够提供海外投资项目及当地文化、经济、法律、安全信息的中介企业而导致项目推进困难。中国农业发展集团也对投资资讯类中介机构及综合考虑环境保护和地区行业发展等内容的中介有所期待。

三、中国企业海外经营行为不规范

东方文化使得中国企业在不少情况下更愿意采取踏实干活儿的方式，不愿意对外交流，往往会给外界带来中国企业透明度不强的误解。同时，跨国经营的中国企业对劳动者权益保障的认识和执行仍有较大的提升空间，部分企业对产品质量和道德伦理等方面重视不够，企业的社会责任意识有待加强，这些已成为开展跨国经营活动中不可忽视的风险因素。

（一）劳动者权益保障不足

各国政府的《劳动法》或《劳工法》一般会有较大差异，对于劳动者所拥有的权利以及企业和劳动者的关系界定和划分均有不同。中国企业在开展跨国经营活动时，往往习惯于按照国内经验和做法在海外管理员工，因而增加了劳动者权益保障方面的风险。

对于中国企业带出的员工，其权益可能不仅受到东道国法律的约束，也受中国

国内法的保障。如果忽视其中任一项，都可能给企业与员工关系带来压力。劳动保护制度的不断强化和国与国劳动者权益保护理念的差异都将使得跨国经营企业面临不小挑战。近些年来，对外劳务合作活动面临的风险较为突出，无论是成建制的外派人员还是在特定行业或岗位的用工需求，都对业务组织方式、承担企业行为模式提出了更高要求。

多数东道国更希望前来开展投资合作的企业能够继续为当地创造更多的工作岗位和机会，因此鼓励企业雇佣当地劳动者。但文化和生活习惯的差异给投资企业的管理工作提出了更多需要学习、理解并执行的要求。有意或无意的忽视将给企业带来不小风险。中国企业自上世纪末就开始开展对拉美地区的投资，但对当地的风俗习惯，尤其是工会制度给劳动者权益带来的保障始终认识不足，企业生产经营屡屡被罢工等事件打断，甚至影响到投资者对投资项目的信心。

（二）产品质量诚信和企业道德伦理欠缺

产品质量是企业赢得市场占有率的关键因素。中国商品以其质优价廉获得全球市场的认可，吸引了各国企业来华投资。以降低商品质量的方式获得更高利润的模式大多是短视的，无法对企业持续扩大市场、获得品牌溢价能力提供支持。伴随国际化大生产的发展和服务贸易的快速演进，企业行为越来越具有可追溯性，影响也更加深远。

一些中国企业不诚信，在非洲销售假冒伪劣商品，不仅对中国的国家形象造成损害，也使得企业自身的发展面临较大挑战。特别值得注意的是，在尼日利亚等国还出现了其他国家的中间代理商向当地出售中国制造商品，为利润最大化而专门采购质量较差的"中国制造"的商品，给中国产品的品牌价值造成巨大伤害。产品使用者在发现质量问题后，并不指责经销商，而是对中国制造产生了怀疑，进而产生负面连锁反应。

（三）企业社会责任意识不强

社会责任是企业在东道国发展中需要承担的重要责任。尽管近年来越来越多的企业都开始关注并履行社会责任，但无论是在对社会责任的理解、执行上还是宣传上都还做得不足。

大型企业往往具有相对更强的承担能力，可以从多方调配资源，对承担社会责任有更为深刻的认识，还有不少企业开始编制和发布企业社会责任报告。但中国企业对社会责任的认识和理解可能与西方跨国公司或东道国仍有差异，社会责任的着力方向与东道国当地社会的期待可能差异不小。总之，沟通不足，行动滞后，方式方法有待改进。

开展跨国经营的中小企业在承担社会责任方面受资源、能力的制约更为明显。企业未能将履行必要社会责任放到跨国经营业务推进的大背景下完成，使得东道国对企业行为产生怀疑，不利于企业跨国经营业务的长期稳定发展。

四、中国企业跨国风险管理能力不足

在现代风险管理的观念中，大部分的风险都是可以控制和预防的。如果企业遭遇了风险上的大损失，客观的外力固然是一个原因，但根本原因还在于企业自身在风险意识、组织制度、应对策略等方面存在着缺陷。从现实案例来看，中国企业遭遇跨国经营风险增多的更大原因在于企业自身的管理不足或管理失误，尤其是企业在风险意识上还未紧跟走出去快速发展的现实，没有提升到应有的高度。

（一）风险意识不强和防范不足

中国企业跨国经营风险意识薄弱大致有两个原因：一个是中国商业文化传统的特点，另一个是中国企业跨国经营经验的欠缺。

原因之一，中国企业的营商文化传统使跨国企业不太重视对风险的理性管理，缺乏风险意识。在一项关于中国营商环境中的道德行为的研究中，对860位在中国大陆营商的企业管理者的访谈发现，"关系"是中国管理者的主要工作依靠。受访者中有半数管理者认为他们很难拒绝生意伙伴的要求，包括金钱上的需索。而有七成人均认为大多数生意都是通过"关系"达成的。这项研究说明，讲究关系是中国企业的一种营商文化。在这种文化下，经商者没有严格的法规和道德限制的意识，只要有关系和符合人情就可以。这种"宽松"的道德判断必然导致中国企业从事一些违规的行为，如贪污行贿、内幕交易、非法收受回佣等。这常常会使中国企业蒙受不必要的风险，换句话说，企业会因此承担过多的人为造成的风险。

不仅如此，中国的企业经营者因为这种对"关系"的过度依赖，造成了在风险意识上缺乏危机感和严肃态度，而处于消极淡漠的状态。一项较近期的调查有趣地发现，在财务投资方面，中国人比美国人更喜欢选择高风险的投资。调查者解释这种现象是因为在中国社会中关系非常重要，不少人预期倘若投资失误，他们也还可

能从国家、社会层面或人际、伦理关系中取得帮助，而这种现象，在比较个人化的美国社会中则属罕见。[①]这项调查反映出了中国企业营商文化对其风险管理意识的消极影响。

原因之二，在走出去的过程中，中国企业对海外市场上存在的各种非市场因素的复杂性并未有充分的意识。在对跨国经营风险的认识上，中国企业还处在一个摸索的幼稚阶段，风险管理的防范意识首先就很薄弱，需要大力加强。一些企业把海外市场当成国内市场一样，毫无防范地进入高风险的国际市场中。例如2003年，中国的德隆国际战略投资有限公司曾花2000万欧元收购德国支线飞机厂。此事喧嚣一时，终了还是梦碎。其中原因之一就是该公司严重缺乏风险意识，过于想当然地以表面上的成本进行计算。但实际上，德隆只看到2000万欧元的收购价不高，却没有通盘考虑被收购方的研发成本、债务、现金流等其他因素，结果导致收购后发生很大亏损。这只是国内企业缺乏对跨国经营风险的意识的一个简单例子。

风险意识的缺乏集中表现在企业对外投资的准备严重不足的问题上。首先在战略上就有很多企业对自己从事跨国经营的目的并不明确。多数企业只是因为国内市场饱和，就想着去开拓国际市场。但是它们并不了解市场情况对怎样开拓才能盈利没有明确的概念，尤其是根本没有考虑清楚自己的跨国经营行为要付出多大成本，就贸然对外投资，表面上轰轰烈烈，最终却因国际市场上风险无情而吃了大亏。

其次，国内企业走出去时经常不做详细的风险分析和调查。在投资决策时，一些中小企业受限于财力不足没有赴实地考察和比较，也没有借助中介机构的力量。虽然省下了一些前期费用，但给企业未来的经营和运作埋下了较大风险。一旦外部条件发生变化，企业很可能发生较大损失，不仅损失了投入的金钱，更耗费了时间，甚至给企业品牌造成很大的负面影响。例如，一些中小企业打着节约劳动力成本的如意算盘到某些非洲国家开厂，结果没想到当地劳动力技术跟不上、效率不高、培训困难，或者宗教习惯多影响工时，或者所在地经常停水停电，造成经营成本大大提高。例如，深圳惠凯在多哥的衬衫厂、上海华源在马里的梳棉厂、某企业在马里的真蜡布厂等，最后产品价格竟高出直接从国内进口一大截，风险可谓惊人。一些承包建筑的中资公司也轻视风险调查，为求中标不惜拼命压低投标价格，中标后才发现自己对困难和意外估计不足，加上新的成本因素后原来预计会获得的

---

① 转自郑子云、司徒永富著：《企业风险管理》，商务印书馆，2002年，第29页。

利润大大减少，甚至失去利润。例如，重庆建工集团（COCPC）2002年中标的阿尔及利亚AADL"以租代售"项目，原定2004年4月底完工，然而他们没有估计到原材料价格大涨且出现短缺、水源不足、预付款不到位和当地技术工人缺乏等因素，结果迟迟完工不了，最终工程被收回转包给土耳其和埃及公司。中国的企业尤其是中小企业在国内市场上长期以来没有进行详细周全的风险调查的习惯，总是习惯于对市场上出现的暂时需求匆忙做出反应，或者跟随其他企业一哄而上式地进行投资经营，盲目地走出去。进入国际市场后，他们的这种偷懒习惯就成为存在巨大风险隐患的来源。

一些国内大企业在进行跨国收购、对外投资时，出于偷懒或对自身能力过于自信也屡屡出现调查不充分的情况。它们匆匆忙忙地就完成项目的可行性研究，并付诸实施，结果省小事吃大亏。长虹在与APEX的合作上犯的错误就是一个典型例子。

· 案例 ·

3.1 长虹因尽职调查
失误陷入 APEX 债务泥潭

2001年，重掌大权的原长虹老总倪润峰为实现长虹的海外战略、提高销售额，迫不及待地想打开美国市场，在数度赴美考察之后，长虹与当时在美国市场有一定影响力的 APEX DIGITAL 公司（阿佩克斯数字公司）的董事长季龙粉接上了头，季龙粉曾被美国《时代》杂志评为2002年全球最具影响力的企业家。在与 APEX 公司大规模合作前，长虹派人对 APEX 公司进行了实地考察，倪润峰及长虹副总王凤朝都曾亲赴美国考察。

开始合作后，2002年长虹的出口额达7.6亿美元，其中APEX就占了近7亿美元；2003年，长虹出口额达8亿美元左右，APEX占6亿美元。长虹内部为此专门成立了APEX项目组，分别由两位经理负责彩电和DVD业务。同时长虹在美国设立了一个联络点，但这个联络点不负责APEX项目的监管，只负责接待。

于是，奇怪的事发生了。一车车的彩电运出去却没能为长虹换回大把的美元，季龙粉总是以质量问题或货未收到为借口，拒付或拖欠货款。其实，双方签订了规范的出口合同，接货后 90 天内 APEX 就应该付款，否则长虹方面就有权拒绝发货。

但是，长虹一方面提出对账的要求，一方面却继续发货。APEX 方面总是故意搪塞或少量付款，使得欠款不断增加。到了后来，长虹海外营销部发现其中的风险太大，曾下令不准发货，但神通广大的季龙粉总能说服长虹继续发货。

2003 年底，长虹曾专门派出高管去与 APEX 交涉，但季龙粉撇下这些特派到美国的高管，杀回长虹会晤高层。结果，2004 年初，长虹又发了3000 多万美元的货给季龙粉。这种情况让直接经办 APEX 项目的人员也感到其中的风险太大。2003 年底，分别负责彩电和 DVD 的两位 APEX 项目经理，在劳动合同期满时同时离开了长虹。最终，季龙粉共拖欠长虹 4.7亿美元（约 40 亿元人民币）的货款。

曾经叱咤风云的彩电巨头长虹，竟然会被一个季龙粉和一家国内许多人还很陌生的叫作 APEX 的公司撞得翻了一个大跟头。其实，就在季龙粉和他的 APEX 公司欺骗长虹之前，他还曾令国内其他一些著名企业蒙受过损失。在与季龙粉有过合作的国内厂商当中，季龙粉口碑并不见佳，有厂商更是直言不讳地称："季龙粉是骗子。"

江苏新科电子集团 DVD 产品出口代理商——中国五矿进出口公司就有过被季龙粉欺骗的惨痛经历。早在 2000 年 7 月，中国五矿就向 APEX 供货。开始阶段，APEX 付款很快，并拼命催厂家发货。然而到了年底，却形势陡变，APEX 扣押了中国五矿到期的应付货款 2200 万美元，迟迟不肯交付。

以季龙粉在美国市场的名气，国内的 DVD、彩电制造商其实或多或少都与他有过联系，有些还可能吃过暗亏，只是不说罢了；有些则是出于对风险的考虑，不敢与他合作。

与长虹类似，同 APEX 合作过的宏图高科、天大天财等国内公司的遭遇几乎如出一辙。合作之初业绩突飞猛涨，但随后，应收账款便出现跳跃性的增长，风险也由此暗藏在其中。以天大天财为例，在 2002 年报中，公司应收账款为 4.126 亿，比上年增加了 150.87%，原因系"应收出口货款增加所致"。好在宏图高科、天大天财都是在识破 APEX 的伎俩后就停止供货，并采取积极措施追讨。比如天大天财的 2003 年年报显示，其应收账款已降至 1.38 亿，比上年递减 66.50%，原因正是"收回 DVD 款所致"。

那么，人们不禁要问，当别的公司已经在与 APEX 分道扬镳的时候，长虹又为什么敢如此冒进呢？

APEX 公司的掌舵人是季龙粉。虽然这时的季龙粉早已因拖欠国内数家电器公司的货款而声名狼藉，但遗憾的是，长虹还是选择了他。之所以出现这样麻痹大意的决策错误，绝不是偶然的。根本原因是长虹内部没有系统地建立过风险识别、预警系统。长虹被骗事件曝光后，据当时的媒体报道，尽管长虹在美国贸易额很大，却竟然没有设立驻美办事处。这导致长虹在决策上两眼一抹黑，根本没有跟踪调查研究国外市场、考察客户的能力，只靠企业主管出国短期考察了解情况。另一方面，长虹老总迫不及待的国际化操作，进一步降低了长虹进行详细风险调查评估的意愿。最终，在风险比较明显的情况下，长虹做出了往火坑里跳的错误决策，蒙受巨大损失。

（资料来源：王巍、张金杰著：《国家风险：中国企业的国际化黑洞》，江苏人民出版社，2007 年）

（二）社会公关的认识误区与能力不足

中国企业对社会公关认识还存在一些误区，认为公关无用或过度依赖公关，这些错误认识都会给企业带来跨国经营风险管理上的制约。

在西方发达国家，借助公关服务或活动帮助东道国政府、社会理解企业行为已成为惯例。专业的公关服务机构大多与相关目标群体联系紧密，有一定的互信基础，可以通过合理的设计和包装，更好地传递信息、减少误解，帮助企业更为平稳地开展跨国经营活动。公关服务机构可以帮助企业以东道国社会所能接受的方式与之交流，有助于降低文化冲突的风险。事实上，一些国家的公关机构已成为企业发展的左膀右臂。在当地竞争者发现外来企业试图进入本地市场且有可能对其发展带来威胁时，也会借助公关机构阻止或减缓外来者。

在社会治理能力偏弱的地区，公关活动的性质可能更难以准确界定，与可能存在的贪腐等问题难免有关。但借助此类公关服务，即便能够在当时的环境下获得更多利益，也可能给企业未来发展埋下祸根，对企业长期发展造成损害。

中国企业在开展跨国经营过程中，对公关能力的合理借助同样不容易，具体表现在企业的意愿上，也表现在公关服务的挑选上。目前愿意通过公关机构拓展市场的企业不多，在成本与收益的平衡上尚未形成基本稳定的状态。而且适合企业发展的公关机构并不容易选择。小的公关机构可能所需费用较少，但能力和效果都可能较弱；大的公关机构收费高昂，且多数机构还为企业未来潜在竞争对手提供类似服务，不仅会给企业带来商业秘密泄露风险，也可能减弱相关公关服务的效果。

（三）风险应对策略的缺陷

中国企业在内部制度建设上，还存在许多薄弱环节。在宏观体制上，中国有实力的跨国企业大多都是国有企业，而国有企业的现代企业制度建设仍未很好地建立起来，其海外经营受限制很多。从目前情况看，中国从事国际化经营的主体主要是国有企业，特别是大型国有集团公司以及国有股占控股地位的股份制企业。据统计，在海外6000多家企业中，国有企业约占80%。从行政级次划分看，占主导地位的是中央部委和省级政府所属企业；从专业分类来看，占主导地位的是中央和地方专业外贸公司和大型生产型国有跨国公司。

这种国有企业的行政管理制度与国际跨国公司通行体制存在较大差距，一方面它限制了海外企业的经营活力，使海外中资企业难以像跨国公司的子公司那样以各种手段进行兼并和联盟经营。另一方面，它导致了企业的内部机制建设粗糙，仍然存在许多不符合风险管理要求的漏洞。在战略决策上，不少大型企业在计划经济时代不需要自己制定战略，甚至不需要自己负责采购原材料和销售产品，当转由自己负责制定时，制度上的欠缺使得企业往往做出头脑发热的错误战略决定。在项目管理上，企业的风险预警、防范机制不能有效约束各种冒险的投资和操作。由于国企还有许多人治特征的残留，一旦内部风险管理机制不严，就容易因为领导人的失误而在大风大浪的国际商海中失控，掉入风险旋涡。

著名的中航油新加坡公司期货操作巨亏的事件，基本原因就出在内部风险管理制度的缺陷上。在事件发生前，该公司还曾经自夸建立了一套先进的风险管理制度，称自己成立了独立的风险管理部门，使风险管理日常化、制度化；聘请了世界上最大的安永会计师事务所来制定《风险管理手册》及《财务管理手册》，明确规定了相应的审批程序和各级管理人员的权限，通过联签的方式降低资金使用的风险；还采用世界最先进的风险管理软件系统将现货、纸货和期货三者融在一起，全盘监控；最后，建立了三级风险防御机制，通过环环相扣、层层把关的三个制衡措施来强化公司的风险管理。但这套令其自豪的制度最终没有防范住新加坡公司领导人长期的冒险行为，以至于在期货市场上发生5.54亿美元的巨大亏损。

为什么会如此？原因还是在制度上。首先是中航油的风险管理体系存在制衡缺陷。2002年10月，中航油集团曾向新加坡子公司派出了党委书记和财务经理，但是党委书记在任职两年内，一直不知公司在正进行场外石油期权投机交易。而财务总监的任命更是奇怪，新加坡公司以财务总监英语水平不高为由，两次对集团公司派出的财务经理进行了更换，公司管理层最后没有用集团公司派出的财务经理，而是自己从新加坡雇了当地人担任此职。其次，在管理体系上缺乏制衡的情况下，风险管理细则上的缺漏使得中航油新加坡公司的冒险行为得不到纠正。该公司的风险管理制度在细节上还是存在纰漏，正是这些纰漏导致了制度运作的缺陷。例如，该公司《风险管理手册》的内容容易引起歧义的地方很多，也没有体现中国关于限制期货操作的规定。尽管提出了最高风险的数额限制，却并没有制定超过限额和仓位的有效应急机制。

从中航油失败的案例中，可以看到一个企业建立起科学有效的风险管理组织和制度是多么的重要。初步建立了风险管理制度的国内公司尚且存在如此问题，何况没有这种意识和努力的中小公司？所以一些专家甚至认为，中国企业走出去面临的最大风险不在外部环境，而在自身管理。很多事看似"天灾"，背后却总少不了"人祸"的影子。

· 案例 ·

3.2 中航油因制度缺陷导致巨亏

2004年底，曾被中国企业捧为走出去战略棋盘上过河尖兵的中航油新加坡股份有限公司（其60%的股权属于大型国有企业中国航油总公司），因总经理C在石油期权和期货投机中判断失误，造成累计超过5.5亿美元的亏损，于 2004 年 11 月 30 日向新加坡高等法院申请破产保护。为什么中航油会出现这样大的风险事件？事情究竟是怎样酿成的？

2003 年，经国家有关部门批准，中航油新加坡公司在取得中航油集团公司授权后，开始做油品套期保值业务。在此期间，总经理 C 擅自扩大业务范围，从事石油衍生品期权交易，这是一种类似"押大押小"的金融赌注行为。C 与日本三井银行、法国兴业银行、英国巴克莱银行、新加坡发展银行和新加坡麦戈利银行等在期货交易场外，签订了合同。C 买了"看跌"期权，赌注每桶 38 美元。没想到国际油价一路攀升，C "押了小点开盘后却是大点"。

2004 年 10 月以来，新加坡公司所持石油衍生品盘位已远远超过预期价格。根据其合同，需向交易对方（银行和金融机构）支付保证金。每桶油价每上涨 1 美元，新加坡公司要向银行支付 5000 万美元的保证金，这导致新加坡公司现金流量枯竭。2004 年 10 月 26 日至今，被迫关闭的仓位累计损失已达 3.94 亿美元，正在关闭的剩余仓位预计损失 1.6 亿美元，账面实际损失和潜在损失总计约 5.54 亿美元。

实际上，新加坡公司从事的石油期权投机是中国政府明令禁止的。国务院 1998 年 8 月发布的《国务院关于进一步整顿和规范期货市场的通知》明确规定："取得境外期货业务许可证的企业，在境外期货市场只允许进行套期保值，不得进行投机交易。"1999 年 6 月，国务院发布的《期货交易管理暂行条例》第四条规定："期货交易必须在期货交易所内进行。禁止不通过期货交易所的场外期货交易。"第四十八条规定："国有企业从事期货交易，限于从事套期保值业务，期货交易总量应当与其同期现货交易量总量相适应。"2001 年 10 月，证监会发布的《国有企业境外期货套期保值业务管理制度指导意见》第二条规定："获得境外期货业务许可证的企业在境外期货市场只能从事套期保值交易，不得进行投机交易。"

新加坡公司违规之处有三点：一是做了国家明令禁止不许做的事，二是场外交易，三是超过了现货交易总量。这是表面上很容易看出的事情，但是却在一年多的时间里都未得到禁止处罚。新加坡公司从事以上交易历时一年多，从最初的 200 万桶发展到出事时的 5200 万桶，一直未向中国航油集团公司报告，中国航油集团公司也没有发现。直到保证金支付问题难以解决、经营难以为继时，新加坡公司才向集团公司紧急报告，但仍没有说明实情。

中航油新加坡公司闯下如此大祸，偶然之中有必然因素，它反映出中航油的监控制度存在一些重要的漏洞：

首先，中国航油集团公司的危机处理机制存在沟通不畅、不及时的问题。中航油集团 2004 年 10 月 3 日就开始了解到新加坡公司事件的严重性。当时的账面亏损为 8000 万美元，如果那时集团决定斩仓，整个盘位的实际亏损可能不会超过 1 亿美元。然而，集团领导大部分在休假。9 日，新加坡公司正式向集团提出书面紧急请示。如果当时斩仓，实际亏损应为 1.8 亿美元。然而直到 16 日，集团才召开党政联席会议进行研究。

危机发生后，英国石油公司（BP）曾经提出了两个可以把风险控制在 2 亿美元内的方案，并对新加坡公司进行了长时间的清盘和谈判。11 月，在谈判接近尾声时，BP 召集全球董事在纽约开会，审批与中航油集团之间的合作协议，要求集团领导当晚值班，以便最终决策，中航油集团也同意了这一建议。但是当晚 10 点，就最后两个细节，新加坡公司总经理 C 给在国内总部值班的一位集团领导打电话请示时，这位领导说应由集团总经理决定。而集团总经理当时却因在学校学习，手机关机。集团危机处理小组成员也都不接电话。总经理 C 以为，本来可以通过谈判争取到的利益和减少损失的机会就是这样丧失的。

其次，中国航油集团公司和新加坡公司的风险管理细则也有许多疏漏之处。中航油集团总公司控制不了"人"。新加坡公司基本上是 C 一人的"天下"。新加坡公司已经在石油期货交易上出现 3580 万美元的潜在亏损后，仍追加了错误方向"做空"的资金。由于 C 在场外进行交易，集团公司通过正常的财务报表没有发现 C 的秘密。新加坡当地的监督机构也没有发现，中国航油集团新加坡公司还被评为 2004 年新加坡最具透明度的上市公司。

另外，该公司制定的《风险管理手册》的内容让人引起歧义的地方很多，没有体现中国关于限制期货操作的规定。尽管提出了最高风险的数额限制，却并没有制定超过限额和仓位的有效应急机制。手册明确规定，损失超过 500 万美元，必须报告董事会。但 C 从来不报，集团公司也没有制衡的办法。

（四）安全防范与应急体系的缺陷

在风险管理制度建设之外，还要有即时、快速反应的能力，所以在风险管理部门外，还要建立危机管理小组，设计危机应对预案，熟悉危机应对技巧。在境外人身安全问题上，企业更是要建立起即时（不是及时）反应的能力，事件发生后当下就能做出反应。这就需要企业准备应对预案，方能实现零延迟的快速反应。但是，在这些方面，中国跨国企业的表现普遍存在问题，尤其是在境外突发事件的应急管理上有较大缺陷。

就中国企业在境外遭遇突发事件和人员安全风险的问题而言，除了所在地区的政治动荡、社会治安糟糕、恐怖主义等客观因素外，我们也需要看到企业自身存在的问题。在安全问题频繁发生的背后，也有企业的主观原因，中国企业在安全防范和应急制度上存在的不健全甚至缺失，对于助长安全风险是有很大影响的。

首先，中国企业在境外的安全防范体系构建不严密，内部管理制度不健全，安全防范措施不严密，给了犯罪分子以可乘之机。所以屡屡遭劫、被盗、遭绑架，安全管理实际上处于缺位状态，在应对紧急情况和恐怖袭击方面，中国企业的防范意识、心理准备、物资准备、组织安排、应急措施等都显得不够。比如，为了降低人员成本，有的企业的派出人员身兼数岗，工作负荷较大；为了减少国际旅费，使企业人员驻外时间较长，没有固定的轮休计划，经常是什么时候项目结束，什么时候职工回国休假。这些不当安排很容易造成职工身心疲惫、精力下降，遇到紧急情况，警惕性和反应能力差。有些企业在进入一些国家和地区时，虽然与当地政府签订有由对方提供安全保卫的协定，可事实上安全保卫不足的情况并不少见，一旦发生突发事件，中方员工的安全问题难以保障。

其次，最关键的是，很多境外中国企业在应急制度的建设上是空白的，没有制定专门的风险应急预案，也没有有效的应急策略设计。许多境外中国企业尽管也意识到一定的安全风险，但是往往对威胁估计不足，或是在具体的应对措施上缺乏有效的手段。与西方国家相比，中国企业走出国门较晚，海外市场开拓经验不足，处理紧急情况的能力更为缺乏，没有成熟的应对各种紧急情况的方案。即使制定了方案，也多流于形式，很少进行演习、检查、反馈和完善。不少企业不同程度地存在"重经济收入、轻安全投入""重施工进度、轻生产安全"等现象。

这种安全防范的松懈，以及风险应急准备的不足，很容易使中国企业被犯罪分子盯上，招致偷窃、抢劫和绑架袭击等恶性行为，使中国企业在境外的正常经营遭到破坏。

· 案例 ·

3.3 华为的合规经营之路

一直以来，华为都将合规经营当作企业可持续生存的重要保障。作为一家全球性企业，华为始终恪守商业道德，遵守适用的国际公约和各国相关法律法规，坚持诚信经营与合规经营，遵守世界通用的"游戏规则"，并将贸易合规融入公司的日常运营。目前，合规经营管理已融入到华为各个业务场景中，公司法务部对出口管制、网络安全、贸易竞争、人力资源管理、反贿赂与反腐败等合规业务提供法律指导，识别、评估并提示内外部法律风险，协助业务部门开展合规经营活动。在知识产权风险方面，主要涉及保护自身的知识产权并尊重其他公司的知识产权，确保华为遵守全球知识产权法规。

2014 年，华为公司大力推动海外各子公司的合规体系建设，设立子公司监督型组织，对海外子公司的合规运营进行监督管理。2014 年，公司累计完成了 195 次子公司监督型组织合规工作汇报，确保子公司合规情况得到及时监控和管理。华为梳理并明确了合规管理和合规监督的责任界面及运作机制，并在海外各主要国家设立合规官，进而推进公司在全球的合规运营。2014 年华为完成了四轮合规官的角色认知赋能培训，全面覆盖到重点国家和地区。

2016 年，华为大力推动海外区域子公司合规运营体系建设。组织上，在 97 个国家或地区任命和培养了合规官；业务上，引入国际知名顾问，以德国子公司为试点，对标德国 IDW PS 980 标准，对合规管理体系成熟度进行全面评估，将业界先进的合规管理理念、方法引入华为，采用科学方法论管理合规风险，确保子公司的"合规目标承诺达成"与"合规能力建设达标"。华为还建立了子公司监督型组织，对子公司的合规运营进行系统性的监督，确保子公司合规管理目标与集团的合规运营战略一致，实现子公司在当地合规运营。

华为尊重他人知识产权，始终以开放、积极、友好的态度，遵守和运用国际知识产权规则，通过协商谈判、交叉许可、产品合作等多种途径解决知识产权问题。针对恶意知识产权侵权行为，华为会通过司法程序维护自身的权益。华为是全球最大的专利持有企业之一，公司研发投入位居世界前列，因此知识产权保护符合华为自身的利益。截至2016年12月31日，累计共获得专利授权62519件。华为累计申请中国专利57632件，外国专利申请累计39613件。其中，90%以上专利为发明专利。截至2016年12月31日，华为加入了360多个标准组织/产业联盟/开源社区，担任超过300多个重要职位，在IEEE-SA、BBF、ETSI、TM Forum、WFA、WWRF、OpenStack、Linaro、OPNFV和CCSA等组织担任董事会成员。2016年提交提案超过6000篇，累计提交提案49000余篇。2016年，华为公司中国发明专利授权数量位居企业第二位，欧洲专利授权数量位居企业第七位，美国专利授权数量位居企业第二十五位。

·案例·

3.4 中资项目在利比亚战争中损失严重

利比亚是中国对外承包工程业务的重要市场之一。利比亚动乱发生之前，其国内正掀起一轮建设高潮。为配合利比亚革命胜利40周年，利政府还上马了一批形象工程和政绩工程。自2005年开始，利比亚开始大量招募外国公司在其国内投标建设。中国公司大规模进入利比亚始于2007年。中国企业在利比亚的投资主要集中在房屋建设、配套市政、铁路建设、石油和电信领域。截至动乱发生前，在利比亚有75家中国企业承建了50个工程承包项目，涉及金额188亿美元，其中央企13家。

　　利比亚动荡的政治局势对中资企业在当地的经营产生了巨大的影响。利比亚危机爆发后，除了华为等民营企业外，中国央企项目已全部暂停，其中包括中国铁建、中国中冶、中交建、中建材及中国建筑，涉及金额超过90亿美元。中资企业中有十多人受伤，企业工地、营地遭到袭击抢劫，直接经济损失达15亿元人民币。

　　从长期看，中国企业将会遭受如下几方面的损失：

　　第一，固定资产损失。虽然大部分中国企业在利比亚承揽的是工程承包项目，不是带资项目，没有直接投资，但中国各大公司在利比亚总部及各项工程的基础设施、设备和原材料都留在了那里，因此会有大量固定资产损失。

　　第二，未收回的应收账款损失。包括履约保证金、预付款保证金、维修保证金、维持项目正常运行所必须垫付的流动资金以及由于不可抗力产生的损失等。按照惯例，在利比亚实施的工程项目都是中方企业先垫资。一旦工程因不可控因素停止，这些尚未收回的应收账款就成为承包商的损失。

　　第三，回国人员安置问题。国家动用陆海空交通工具将所有在利人员接回，接下来面临他们的安置问题、人工费问题以及由此产生的赔偿问题，这也是中国企业面临的一大难题。

　　第四，三角债问题。由于利比亚建筑材料缺乏，无法满足工程需要，一般需要承包商从利比亚以外的国家采购。而中国企业承包工程所需的建筑材料一般从国内采购。因此，利比亚项目中断后，一些企业无法按期给原材料商支付货款，加上很多工程采用分包模式，也导致三角债问题凸显。

　　第五，利方恶意索赔问题。利比亚撒哈拉银行已向中国的葛洲坝集团、中国水利水电建设集团、宏福建工等公司针对预付款保函进行索赔，要求五天之内必须给银行方面答复。据上述公司内部人士称，预付款保函还有半年才到期，现在银行提前索赔，属于恶意索赔。利比亚撒哈拉银行向上述公司提供了两个选择，一是赔偿预付款本金和利息，二是将预付款保函延期。两种选择对中方都不利。

　　利比亚局势动荡是中国企业加大步伐走出去后面临的一大严峻考验。

未来，中国相关部门和企业在走出去之前，对目的国的政治风险等因素必将做出更加充分的考量，尤其会更加重视政治动乱因素。此次利比亚动乱也反映出中国企业在参与海外项目的过程中，建立一个有效的走出去的安全保障体系的重要性。

此外，在中国企业走出去目的国发生突发政治或社会动荡事件时，应急机制能否跟上，应收账款的管理、设备的保全维护有没有预案，这些都是在项目实施过程中需要考虑的问题。

·案例·

3.5 中国铁建在沙特的工程承包项目蒙受巨亏

曾经被中国铁建股份有限公司（下称中国铁建）立为走出去标志性工程的沙特麦加萨法至穆戈达莎轻轨项目（下称麦加轻轨项目），如今成了中国铁建基本建设的"滑铁卢"事件。

麦加轻轨项目曾是中国铁路走出去的标志性工程，是迄今为止全世界设计运能最大、运营模式最复杂、建设工期最短、外部气候环境最恶劣的轻轨铁路项目。该项目为全世界穆斯林朝觐专用铁路，合同总金额66.5亿里亚尔（约为17.7亿美元，折合人民币121亿元），约占中国铁建中国会计准则下2007年营业收入的6.81%。该项目采用的是EPC+O&M总承包模式（即设计、采购、施工加运营、维护总承包模式），项目签约时只有概念设计，建设工期22个月，计划2010年10月开通。麦加地铁项目正线长17.77公里，共设9座车站，全线土石方约484万方，桥梁总长约14公里，房屋面积约10万平方米，无砟轨道单线长38公里，包含系统工程、联调联试和运营管理。2009年2月，中国铁建与沙特城乡事务部签署了项目合同。根据合同，中铁建将负责该轻轨项目的设计、采购、施工、系统（包括车辆）安装调试，以及从2010年11月13日起的三年运营维护。合同要求2010年11月13日开通运营，达到35%的运能，2011年5月完成所有调试，达到 100% 的运能。

2010 年下半年，麦加轻轨项目全面进入大规模施工阶段，各部分项目工程全面展开，实际工程数量比签约时预计的工程数量大幅度增加，再加上业主对该项目的 2010 年运能需求较合同规定大幅度提升、业主负责的地下管网和征地拆迁严重滞后、业主为增加新的功能大量指令性变更使部分已完工工程重新调整等因素影响，导致项目工作量和成本投入大幅度增加，计划工期出现阶段性延误。与此同时，在实际执行过程中，尤其是在工程分包过程中，设计是由国外公司负责的，价格比国内设计高出许多。另外，在项目分包过程中，有许多非中国企业参与，这些企业普遍按照八小时工作制度来推进工期，而国内工程企业做工程时大多采取二十四小时工作制，实行三班倒，国外的工作习惯严重制约了工期的进展。在项目推进过程中，沙特方面负责地下管网和征地拆迁进度严重滞后，在很大程度上影响了项目的整体进度。

2010 年 10 月 26 日，中国铁建在上海证券交易所、香港联交所同时发布公告称，受实际工程数量比签约时预计工程数量大幅度增加、业主对项目的运能需求较合同规定大幅提升、业主负责的地下管网和征地拆迁严重滞后、业主为增加新功能令部分已完工工程重新调整等因素的影响，将发生 41.53 亿元的巨额亏损。截至 2010 年 10 月 31 日，按照总承包合同金额（66.5 亿沙特里亚尔）确认的合同预计总收入为人民币 120.51 亿元，预计总成本为人民币 160.45 亿元，另发生财务费用人民币 1.54 亿元，项目预计净亏损人民币 41.48 亿元，其中已完工部分累计净亏损人民币 34.62 亿元，未完工部分计提的合同预计损失为人民币 6.86 亿元。

中国铁建的巨额亏损对公司产生了一系列重要影响：公告披露次日，中铁建复牌后股价大幅下挫，A 股跌幅 5.24%，H 股跌幅达 13.71%，创下了中铁建上市以来的最大单日跌幅。在曝出沙特轻轨巨亏后，中国铁建的经营和管理水平受到质疑，也使得很多在海外进行工程承包的中国企业开始思考风险管理问题。

对于亏损的原因，中铁建曾表示，公司在做麦加轻轨项目评估时，预计毛利率在 8%～10%，但这一评估显然低估了项目难度和风险。尤其是对当地市场行情、工程变动量，以及业主指派分包商所可能带来的风险明显估计不足。事实上，中东地区的工程项目，一般都是欧美一些国家的咨询公司编制合同及规范，合同中一般都会包含非常详细的技术规范。技术规范对于设备、材料的参数、施工工艺等有非常细致的要求，在合同和技术规范中指定厂家、品牌，很多合同还会有指定分包。在这种情况下，如果不进行规范分析，想当然地认为中标后能够使用国内的材料和设备，就会带来巨大的损失。对于EPC合同，施工方在投标前需要做许多工作，对概念设计做出评估，较为准确地估计总体工程量，然后得出一个较为稳妥的方案，以减少风险。如果承包商在投标期间不做出细化设计，只是按照业主提供的概念设计报价，合同签订后再在业主的概念设计基础上进行设计，往往很难达到业主的功能要求，最终导致工程延期或法律仲裁。

亏损最主要的原因是中国铁建估算成本失误。据中国铁建的一位内部人士描述，如果根据此前合同终止合同，业主可以进行索赔，索赔的各种损失及实施合同过程中已经造成的损失，合计数额可能不比执行项目造成的损失小。中国铁建的高层也曾透露，按照当初协议，如果项目无法完工，对方没收履约保函，最多可能损失12亿元，不过中国铁建综合多方面因素并没有选择这么做。

中国铁建事件爆发后，很多人并不相信作为最大的工程建筑企业会犯如此低级的错误。事实上，目前国内企业在操作模式和规范标准上距离欧美公司相差还很远，中国企业海外工程承包并没有技术和管理上的优势，随着成本优势的逐渐消失，想要进入技术含量较高的工程咨询行业，还需要解决语言、文化、人才等方面的制约。

从麦加轻轨项目巨亏案例，可以总结以下经验：

（1）树立风险管理意识。风险管理作为一种先进的管理理念，在现代企业得到越来越广泛的应用。准确地识别、评估风险，有效地防范和应对风险，能够为企业带来巨大的利益。

（2）熟悉相关方文化。穆斯林文化与某些企业的工期文化、质量文化、安全文化一样，是企业及国家生存发展的基本要素。熟悉业主单位的文化，是在决策中明细策略，在管理上解决问题的重要途径。

（3）管理手段前移。由于很多问题在投标和合同签订阶段已经定性，因此应加强招投标阶段的管理，增加标前调查，充分了解施工环境，准确评估报价。

（4）探讨商业止损的可能性。尽管麦加轻轨项目有着较深的政治背景，沙特政府也承诺在工程结束后组成委员会专门处理索赔问题，但是没人能够为中国铁建的巨亏买单。企业在项目不能实现预期盈利甚至亏损时，需要及时进行评估和决策，确保自身利益。

（5）苦练内功，强化管理。中国工程承包企业应当加强总承包管理水平，不断吸收先进的管理经验，推广成熟的管理模式，重视高效管理团队的建设。

第四章 | 当代西方跨国
公司风险管理
做法

西方跨国公司在应对跨国经营风险方面已形成一套有效的管理办法。中国企业在实施、贯彻走出去战略时，应当借鉴。

第一节 跨国公司的风险管理组织

对于风险管理的持续运转来讲，制度和组织是基础，决定着风险管理的总体效率。所以，跨国公司在发展到一定阶段后，都会将风险管理的事务规范化、制度化，并且上升为公司内部独立的组织设置。

早期的时候，西方跨国公司并没有设立专门的风险管理组织。跨国公司的组织机构有集权式、分权以及矩阵式等。但不管是哪种组织形式，都没有设置专门的风险管理部门。其风险管理工作都交给了相应的业务部门进行分担。这种形式适合于跨国公司创业之初。

但是，随着跨国公司所处环境的复杂多变以及自身规模的扩大，导致企业管理层次多、管理主体杂、管理业务量大。在这种情况下，仍然把风险管理工作委托给各个部门或者交给财务部门就不利于公司的发展。这是在组织机构方面出现的新的问题，所以后来为了便于风险管理，一些大型的跨国公司成立了风险管理中心，对公司经营中遇到的风险问题进行控制。

从总体上看，在风险管理组织上，西方跨国公司存在传统与现代两种模式。

一、一般的风险管理组织模式

对跨国经营中各种风险的管理是隶属于企业的全面风险管理框架之中的。要了解跨国公司如何管理跨国经营风险，首先应对基本的风险管理组织进行了解。

传统风险管理组织的显著特点是，不同部门或业务单元为不同的风险承担责任。在传统风险管理组织中也可能设立特定的首席风险官（负责风险管理政策设计，以及批准某些风险事项的处理方案）和相应的各个职能部门来参与风险管理（见图4-1）。

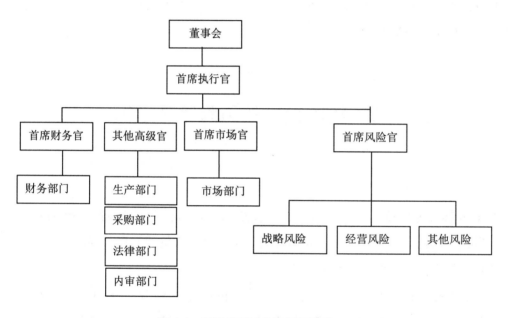

图 4-1 风险管理的传统组织模式

在传统风险管理组织中，首先是风险官员直接向首席执行官汇报，负责管理企业的战略、经营等风险类型，并与首席财务官员等其他高级官员一起共同负责企业的风险管理。这种模式的问题在于，虽然所有主要的风险都得到管理，但没有明确风险管理部门与其他部门之间的职责区分和衔接方法，要保持风险识别、评估和测量的政策和策略一致性会有很多的困难。企业的其他风险的处理比如违规行为处理、内部稽核、法律事务、业务运作等，分别由纪律检查、内部审计、法律部门和销售等部门按照所辖业务的风险承担责任。首席风险官更多的是通过颁布风险政策和参与业务会议等方式来行使其责权。企业风险管理失败的责任，从组织的构成上来说，由首席执行官承担。所以，这种传统风险管理的组织模式只能适应风险问题并不庞大复杂的情况，欠缺强大的独立组织地位。

在现代风险管理组织中，跨国公司开始倾向于设立一个独立的风险管理委员会来考虑综合的风险，加强对日趋复杂的外部风险的管理。在这种模式下，公司内的风险管理部门从结构上来讲与高级管理层相对独立，风险管理部门直接向风险管理委员会汇报，独立于具体承担风险的管理层和业务部门。这一模式允许首席风险官在风险政策和策略、传达董事会风险理念等方面发挥广泛的影响，将日常的诸多风险事务直接向首席执行官进行汇报。其他业务单元和职能部门的负责人对首席风险官直接报告风险事项，首席风险官运用风险组合分析技术帮助这些部门的同事明确检查交叉的风险问题，包括战略、经营、财务等风险的综合，内部资源配置和协调，风险调整和新产品、新业务的分析等。此外，来自信息技术部门和法律、内部审计等部门提供的风险信息，进一步加强了企业内部各种业务单元和职能部门的合作（见图4-2）。

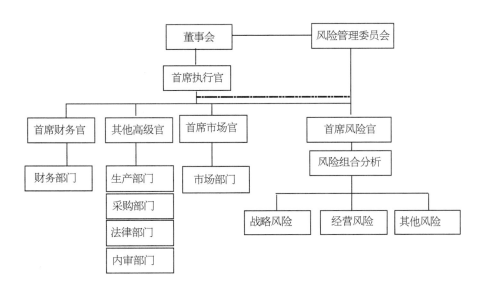

图 4-2　风险管理的现代组织模式

二、海外经营风险管理的组织模式

当代跨国公司对海外经营风险进行管理的组织结构模式，一般会根据跨国公司的组织结构形式和管理体制的基本特点采取不同的形式。概括而言，主要有以

下几种模式 [①]：

其一，国际风险业务部组织形式。该部在总部领导下，总管国外子公司的风险管理的具体业务，如负责海外投资、商品销售以及技术转让等全部国外风险管理，并监督国外子公司在筹建和经营中的风险管理活动。

其二，全球风险职能分部组织形式。该模式即在总部领导下，按职能设立风险分部，由各副总经理直接控制国内外各职能部门的风险活动。一般分设生产、销售、财务、开发和研究等风险部门。例如，生产副总经理直接控制国内外子公司的生产及其风险业务，销售副总经理负责整个公司的全球销售风险业务等。

其三，全球地区风险分部组织形式。跨国公司风险管理按地区设立风险分部。公司总部进行全球风险经营性决策。地区副总经理负责该地区的经营风险管理、控制和有关业务活动。

其四，全球混合分布组织形式。跨国公司按职能、地区、生产线或产品品类结合起来设立风险管理分部。该模式根据实际需要和具体情况设置，灵活性较大。

在以上各类风险管理组织结构模式中，一般还包括一个独立的综合信息情报中心，对来自全球各地区、各职能部门以及各类产品的风险因素进行加工、处理和及时反馈。

从集权与分权的角度看，跨国公司的风险管理体制又大致可分为以下三种形式：

其一，以母公司为中心的风险管理体制。这是一种高度集权的管理体制。整个公司的经营活动及其风险管理由母公司集中决策，统一部署。母公司既是风险的决策层，又是风险的承担者。子公司仅作为母公司成本中心，其任务是减少风险，降低成本。

其二，多元中心的风险管理体制。在这种体制下，母公司对子公司很少控制，子公司基本上完全自主，重大风险问题自行决策，母公司不加干涉。子公司本身既是利润中心，又是风险的直接承担者。

其三，全球中心的风险管理体制。该体制在风险管理的集权和分权的程度上介于上述二者之间，即公司的重大风险决策和关键性的经营活动高度集中，如公司的风险战略目标、市场的进入与退出、投资目标国的选择、投资项目风险与决策以及人才安排等高度集中；而一些非关键性的风险管理业务活动则不集中，如限额以下

---

①　见熊小奇：《海外直接投资风险防范》，经济科学出版社，2004 年，第111-112 页。

的投资、一般性的风险管理工作等，以充分发挥子公司的主动性。

　　跨国公司采用哪种风险管理体制和模式不是固定不变的，而是取决于其自身的情况和特点。一般而言，美国跨国公司在风险管理组织模式的选择上，更多地倾向于全球性地区部和产品部等分权组织机构，赋予下属子公司充分的风险管理自主权，以便根据国际市场的变化，采用灵活的应变措施，制定风险管理的战略与策略。而日本跨国公司则倾向于采用区域风险统管模式。目前，日立、东芝、松下、本田、佳能等著名日本跨国公司正在加紧推行"全球四总社制"，该组织体制是指国内保留总公司外，还在北美、西欧、亚洲建立独资的区域统管公司，弱化事业部职能，强化地区风险管理职能。

第二节　跨国公司的风险管理流程

　　在政治风险管理上，跨国公司有一套基本的流程。这套流程一般包含四个环节：风险的识别、风险的评估、风险的预警、风险的应对（见图4-3）。

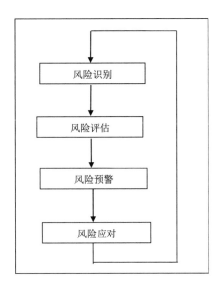

图4-3　风险管理流程

一、风险识别

风险识别是对跨国公司的财产、责任和人身损失风险进行系统、全面和连续的辨认、发现。识别风险是为了让企业清楚自己所面临的风险。只有知道自身的风险所在，才谈得上如何来管理风险。识别风险并不是将所有的风险均识别出来，只是将那些符合企业定义的关键风险辨认出来。否则，企业会陷入处处风险、杯弓蛇影的境地，过分夸大风险。

在识别风险目标的不确定性时，对风险源的分析非常重要。所谓风险源，是指那些可能导致风险后果的因素或条件的来源。风险识别要将对跨国公司造成很大影响的政治、法律、经济、社会等风险进行仔细的检查、辨认。

另外，风险识别还要结合公司具体的情形进行"风险暴露"分析，风险源并不直接等同于跨国公司可能发生的损失。这正如识别了某地的天气变化情况后，如果个体不在该地，那么这一识别对个体就没有多少价值。只有具体地联系到个体"暴露"在该地的亲属朋友等时，这条信息才会发挥潜在的价值。"风险暴露"分析一般要结合跨国公司的具体情况，分四个方面对公司暴露在风险源中的财产进行识别：

第一，实质资产风险暴露。如公司的机器、厂房、产品等资产暴露在一定的政治风险中，就会令公司遭受损失。

第二，金融资产风险暴露。如跨国公司在当地对一些债务（股票、抵押品）的拥有将会导致金融资产的暴露。

第三，法律责任风险暴露。如因为当地国家的法律约束，跨国公司在税务、环保等上面的行为会造成该公司的民事、刑事法律责任风险暴露。

第四，人力资源风险暴露。如公司员工的人身伤亡、罢工等，会造成公司在人力资源上的风险暴露。

识别风险的方法有很多，诸如"访谈"、"小组集中讨论"、"头脑风暴"、"调查问卷"、"流程图分析"、"历史数据分析"、"行业调研"、"重大事件备查簿"等均较有效。风险管理的初期，"访谈"、"小组集中讨论"、"头脑风暴"、"调查问卷"等定性方法运用较多；随着风险管理的逐步成熟，"历史数据分析"、"行业调研"等定量分析将会得到更多的运用。

风险识别通过对风险发生的具体地点、时间，以及发生原因和背景进行识别，从而将对风险的感知具体化。

二、风险评估

风险评估是对各种风险发生的可能性大小以及损失程度做出估计和测量，以此作为选择风险管理策略的依据。风险评估需要借助许多资料，包括定性的和定量的。这是风险管理体系的一个关键环节，需要有较大的人力和精力的投入。在风险评估上，需要运用一些方法，从直观的判断、外部的咨询到专业的测量，都可以被选择。但对于大型跨国公司而言，进行风险评估需要非常规范和专业，所以一般都会运用更为复杂的应用模型进行专业测量。我们应对此进行详细的讨论。

（一）内部讨论

企业可以通过内部员工的讨论（包括让外部专家参与讨论）来对东道国的国家风险情况进行调查。无论企业采用正式的评估方法还是完全依靠个人判断，在国外开展业务的风险最终还是取决于管理人员的个人感知。对于某个人来说，风险较大的形势，在其他人眼中也许代表着难得的机遇。一种形势可以促使管理人员做出谨慎反应，但这种形势也可能会鼓动其他管理人员轻率地打入新市场。风险是对预期事件的主观测评，所以很多企业依靠高级管理人员的判断和意见来估定政治风险，其中最常见的做法就是企业主管人员与国外管理人员之间的正式谈话。

企业还可以请外部专家来参加讨论评估相关的国家风险。由美国兰德公司创立并推广使用的德尔菲法是用于调查与咨询的常用方法，在很多风险评估中都得以运用。就国家风险的评估而言，邀请参加会议的人士可以是国际问题专家、经济学家，熟悉东道国的新闻媒介代表、外交人员、商人等等。会上应当避免有明显的权威存在，力求创造一种让个人自由发表自己意见的宽松气氛。当然这种调查也可以通过问卷等方式进行。当初步意见汇总后，公司将这些看法进行归纳、总结，然后再反馈给这些人士，如此往复数次，直到最后形成较为一致的意见。

企业内部的讨论会提出的关于国家风险的各种问题，主要包括政治不稳定、政府干预、调整性控制、本国与东道国之间的关系、通货因素、劳工问题、经济政策和技术因素等，另外还可能涉及意识形态因素、社会和文化问题及恐怖活动的迹象等。因为需要考虑这么多问题，企业一般从主管人员的自由讨论开始，逐步确定出对于企业来说最重要的风险因素，然后继续评估具体市场中的相关风险。这种分析可能会得出非常简单的结论，例如，该国的贸易或投资风险非常大，或者是按照发展机遇水平对几个国家进行归类。在考虑新市场或进入模式的选择时，如出口代理、合资或建立子公司等大型投资，跨国企业通过比较对外投资战略的类型和可接受风险水平的管理感知，评定出各相关国家的风险水平。

一般而言，为了补充个人判断和提高预测的精确度，企业即使对内部讨论，也应当加强定量分析，对风险的程度进行尽量精确的描述。例如，把国家风险先分为政治、政策、国家收支和经济四类风险，然后再把每一类风险分为若干指标，并将它们分为10级，风险最小的为10，风险最大的为1，即通过将国家风险数量化来对国家风险的概率进行评估。

西方的跨国公司如通用电器、施乐、曼哈顿银行、埃克森等都对其开展业务的每个国家评定了等级或分数，并将此看作决策制定过程的重要组成部分。这些公司每年都要按照由低到高的风险水平来评定其国外的业务活动及潜在的海外市场。例如，通用公司认为英国和加拿大的风险水平较低，把它们归于"A"类，把日本和德国归于风险水平稍高的"B"类，而哥伦比亚和扎伊尔属于风险水平高得难以接受的"Z"类。公司每年都会重新确定各个国家的级别排位，日本的通货问题或紧张的贸易谈判可以令该国的风险级别降为"C"类，德国的失业问题也会影响其风险级别，而智利的经济发展则可能提高其风险级别。通用电器及其他跨国企业每年都会对150多个国家和地区进行风险评估。

企业对内部评估不能过于依赖，因为它也存在几条不足之处：第一，尽管国外的管理人员是当地信息的最佳来源，但它们很少懂得自身业务活动之外的企业经营情况。企业在评估风险时，不但要了解单项运作如何适应整个企业的国际经营平台，还必须考虑到具体国家的相关风险。第二，当地的管理人员可能非常熟悉企业的运营优先权，但他们无法提供政治和经济事件的全部信息。第三，当地的管理人员一般拥有东道国经营活动的既得权利，这就促使他们强调各种好消息，避免汇报其他悲观的问题。为了避免这种偏见，埃克森等公司在听取国外管理人员的意见之后，再由企业计划部门的员工来进行风险评估，这些员工主要负责评估地区性的环境变化和企业的全球业务网络。随后，企业执行委员会结合企业计划部门和当地管理人员的评估结果，重新制定出更加全面的风险评估结果。这些方法需要进行大量的分析工作，但各个国家的风险级别仍然要归结于主管人员对竞争地点和风险接受程度的判断。

（二）外部咨询

为了提高咨询的专业程度，跨国企业还会使用外部咨询的方法进行风险评估。大部分企业求助于出版的风险等级表、咨询报告和可以提供大量国外事务数据的政府咨询部门。例如，美国国务院出版的国家指南，涵盖了世界上所有国家和地区的相关资料，根据大使馆和外交部商务司每月提供的信息，定期对这本刊物的内容进行更新和补充。除了专门的定期报告之外，其他刊物上没有关于各国国家风险的等级排名，所以跨国企业必须充分利用这种调查结果。美国国外私人投资公司也向美国企业提供咨询服务，私营通讯产业协会则出版了关于贸易和投资风险调整之后的国家排名。这两家公司的服务都要收取一定费用，但他们也公开提供关于国际贸易的可得数据，而且都向在国外经营的企业提供保险服务，所以他们的资料一般是关于金融领域的，例如通货转账、支付记录、银行业、投资问题以及交易风险等。

如果企业在理解政府数据方面存在困难，可以订阅风险咨询报告或者与咨询公司签订合约，以便获得企业需要的专门报告。世界上最全面的数据报告是由《欧洲货币》提供的，该杂志定期出版国家风险等级的索引指标，其评估标准共有六种，分别是经济表现的分析指标、国家政治风险、外债指标、违约记录、信用等级以及获得国际资金的能力。该杂志最终得出了170多个国家和地区的等级排列名单。风险水平最低的国家将得到100分（完美分数），而风险水平最高的国家只能得0分。任何国家都无法得到完美分数，但美国、瑞士、卢森堡、新加坡和瑞典等国家依次排在前十位，其分值都在95分以上；而古巴、伊拉克、朝鲜和索马里依次排在最后几位，其分值全部低于20分。这种相对的风险等级每月都会发生变化，并且可以根据前面的记录来预测各国的风险趋势。例如，智利等国家在稳步上升，而墨西哥曾出现好转，但随后又大幅度下跌。与某一个特定时期的绝对排名相比较，此类资料可以帮助企业了解更多关于国外机遇的信息。严格说来，《欧洲货币》的索引只能作为一种分析工具，但它是作为咨询出版物来提供的，而且经常被企业当作走势分析来使用。

《经济学家》通过其"各国风险指南"来提供相关的风险等级，其主要依据是国际调研部门的地区研究。此外，经济合作与发展组织（OECD）和世界银行定期出版关于某些国家和地区发展走势的报告。公共部门和私营咨询公司也可以提供地区性研究报告，例如《拉丁美洲特别报告》、《东盟年度贸易指南》和亚太协会的《风险调整后国外投资的调查报告》等。为了获得满足自身发展需求的专门报告，企业可以与各种咨询公司签订相关业务合同，例如普华永道公司、埃森哲、政治风险服务、大通计量经济和Dataquest等。大多数咨询公司从经济和金融方面评估国家风险，但其方法存在较大的差异。有些公司使用少量变量并根据专家意见来评估风险，而有些公司的计量经济模型建立在200多种变量的基础上。

（三）模型分析

很多跨国企业都建立了用于分析国家风险的内部模型体系，努力将各种信息资料量化。例如，通用公司创立了各种因素的加权索引，决策制定者可以结合本企业国外管理人员的意见来决定国家风险因素的优先顺序，然后根据这些标准来评估各个国家的风险水平，并制定出世界范围内国家风险的复合概率表。大多数企业没有建立自己的预测模型，而是与DRI和Dataquest等咨询公司签订合同，由这些公司负责调研工作并提供关于具体行业走势的相关建议。

对国家风险预测方法的研究还无法总结出哪种方法能提供最准确的结果。所以，任何一种国家风险评估方法都存在可信性问题。下面介绍《经济学家》、《商业风险评估公司》和《政治风险服务公司》三个组织的比较有代表性的方法。

1.《经济学家》的方法

《经济学家》创立的系统是在百分制基础上确定一个国家的风险水平，分值越高表明风险水平也越高。这种研究把风险分为三种类型，并根据具体的变量来打分。第一类是"经济变量"，总分值为33，共包括6个变量；第二类是"政治变量"，总分值为50，也包括6个变量；第三种是"社会变量"，总分值为17，共包括4个变量。这个模型的使用方法比较简单，而且评估人员认为其中的变量非常实用。具体如表4-1所示。

表 4-1　《经济学家》的风险分析法

经济、政治和社会风险三个类别共包括 16 个变量，由相关专家组成的小组负责打分。分值越高表明风险水平也越高，总分为 100；每个变量的重要程度也存在差异。下面是各个类别的所有变量：

（1）经济变量（总分 33 分）

　①人均 GDP 减少——经济发展减速或出现停滞现象

　②通货膨胀率较高——购买力和人民生活水平的下降

　③资本流失——发展所需资本外流

　④外债不断增加——越来越依靠外来援助

　⑤食品产量降低——基本社会福利的恶化

　⑥原材料占对外出口的比重——不可更新资产的损耗

（2）政治变量（总分 50 分）

　①邻国关系恶化——地区形势紧张，直接威胁国家或人民的安全

　②独裁主义——缺少民主或实行集权主义统治

　③政府腐败——政府统治中的自满倾向，领导不协调

　④非法现象——强制统治与非强迫接受间的冲突

　⑤掌权人士——权力的不稳定性和法律机构的匮乏

　⑥战争／武装起义——战争、动荡或国内紧张形势的风险

（3）社会变量（总分 17 分）

　①城市化进程——过快、混乱、犯罪危险和失控局面

　②伊斯兰教运动——其他宗教少有的狂热，威胁外国人

　③社会腐败——影响经济或社会稳定

　④种族冲突——困扰社会的民族冲突

资料来源：转自 [美] David H. Holt，Karen W. Wigginton 著：《跨国管理（第 2 版）》，清华大学出版社，2005 年，第 86 页。

跨国企业在使用这一分析模型时，将向专家小组咨询关于特定国家的问题，并赋予各个变量不同的风险值。《经济学家》规定了每个变量的风险总值及其相关理由。例如，"通货膨胀"是最容易解释的变量之一，而消费者价格的真实变化率是在一个国家内部进行观测的。如果小组成员发现通货膨胀率过高，他们将把该国的风险值定在4~5分（0分表示没有风险或较低的通货膨胀率）。在政治因素范围内，变量"战争／武装起义"被看作是最严重的威胁，总分值为20。所以，处于战争中或正在进行停战谈判的国家，如波斯尼亚—黑塞哥维那地区，可能会获得满分20分。而瑞士等国家不存在任何国内冲突，而且在世界大战中始终保持中立，其分值就非常低，几乎接近于0。此外，"社会变量"中的"腐败"变量风险总值为6分，存在严重腐败问题的国家将得到5分或6分，而道德方面比较"洁净"的国家的得分可能接近于0。《经济学家》之所以把腐败归类为风险因素，是因为行贿受贿、黑市交易或不道德的政治家可以造成经济或商业活动的混乱。

2. 商业环境风险情报（BERI）模型

BERI评估被称为政治风险指数(PRI)，其基础是国际专家对10个变量的复合评分。70~100名专家参与了三种类别中10个变量的评估工作。很明显，PRI主要关注政治领域的问题，不过其中也包括社会问题的信息。信息和评分指标是在机密报告中提供给订阅者的，另外还包括额外的咨询或顾问服务。表4-2总结了这10个变量的特点。

表 4-2　政治风险指数（PRI）的组成部分及其评分等级

PRI 是 BERJ 公司的评估模型，该公司主要为客户提供关于外国商业风险的预测服务。相关指标的基础是 3 种类别中的 10 个标准，每个标准的最高得分为 7 分，此外还可以附加额外分数，这样总分值就达到 100 分，表示最低的风险水平，而风险水平较高的国家将获得较低的总分值。

（1）政治风险的国内因素（每点 7 分，共 42 分）
① 政治领域的分权及其划分
② 语言、民族或宗教引起的社会分化，以及各部分的力量
③ 保持力量的限制性措施
④ 思想状况——恐外主义、民族主义、腐败、任人唯亲、妥协倾向等
⑤ 社会状况，包括人口密度和财富分布状态
⑥ 激进左翼政府的组织及其军事力量

（2）政治风险的国外因素（每点7分，共14分）
①对主要敌对国的依赖程度或重要性
②地区政治力量的负面影响
（3）政治风险的征兆（每点7分，共14分）
①示威游行、罢工和街道暴力的社会冲突
②无组织性的变革、暗杀活动和游击战引起的社会不稳定
原始总分为70分，第1-8点可以适当指定其附加分数，这样总评分值最高将达到100分。

资料来源：转自 [美] David H. Holt，Karen W. Wigginton 著：《跨国管理（第2版）》，清华大学出版社，2005年，第87页。

PRI 是在1978 年创立的，随后对四大洲中48 个国家的政治风险进行了评估，并帮助美国的跨国企业评估了由政治或政府活动引起的损失风险。目前扩展型的PRI 拥有100 多个国家的数据，被出售给美洲和欧洲地区的企业客户。PRI 的基础是这10 个变量的指定分值，从0 分（最大风险）到7 分（无风险），因此总分的范围就在0 分到70 分之间。但是《经济学家》模型和PRI 之间存在分值上的较大差异，前者把高分值与高风险联系在一起，而后者则建立起高分值和低风险之间的关系。PRI 还允许评分者指定8 个变量（除征兆问题外）的附加分数，由此调整后的指标总分就可以达到100。

PRI 评估是作为企业信息提供给订阅者的，他们需要分析当前的形势或预测5～10 年以后的发展趋势。BERI 还提供所预测形势的细节描述及评分标准，这样客户就可以把自己的理解运用到风险评分中。企业利用评分结果范围来评估相关的风险；如果一个国家得分在70～100 之间，就可以为外来投资提供稳定的、低风险的商业环境；如果得分在55～69 之间，该国就存在一定程度的风险，日常企业管理中将存在许多困难，而且政府的稳定方面也会有问题；如果得分在40～54 之间，该国的风险水平就比较高；得分在39 以下的国家是外国投资所不能接受的。

3．政治风险评估系统（PRS）

政治风险评估系统向企业订阅者提供关于其所研究国家的专家评论。该系统的理论基础是政治风险引起的亏损概率，而不是其他模型中使用的绝对量度指标。PRS 系统预测100 多个国家18 个月、5 年甚至10 年期间的政治风险，此外，企业订

阅者还可以得到关于其所在行业的月度报告。PRS 指数的建立基础是250 多名专家的专业评估结果，这些专家分布在美国及其他国家，具备不同的职业背景，主要包括学术、商业和政府任职等。最后的指标反映出亏损发生的概率，共分成12 个指标，如表4-3 所示。

表 4-3　PRS 系统的指标及其等级标准

作为一种企业评估服务，PRS 可以鉴别出某国在 18 个月、5 年或 10 年范围内的经营风险。12 个指标需要分别进行打分，并指定每个标准的概率值，然后预测外国企业在一定时期内的亏损概率。
①政治动乱概率——国内战争以及违反法律或社会常规的政治或社会运动
②产权限制——政府干预来强迫企业接受投资规定
③人事／采购介入——政府干预限制企业向外国企业、外族团体或其他利益群体雇佣员工和采购原料
④税收歧视——特惠税收或额外费用，不遵守正规的判决流程或商业条例
⑤利润归国限制——限制通货流通或基金的可兑换性，以便保证东道国的金融安全
⑥外汇控制——政府干预来加强对通货或资产的交易管理限制
⑦关税规定——影响贸易或提高成本的新关税
⑧非关税壁垒——影响产品、零部件或服务的流动或交易
⑨支付延期——无法按时收账或付款
⑩财政／货币政策——货币或财政政策的不利影响，影响经济发展及货币稳定、市场、成本和经营情况
⑪劳动力成本政策——政府干预引起劳动力成本上升或劳资关系的混乱
⑫国际债务——吸引或使用国际贷款的需求，以及东道国政治利益驱动下的优先承诺

资料来源：转自 [美] David H. Holt，Karen W. Wigginton 著：《跨国管理（第 2 版）》，清华大学出版社，2005 年，第 89 页。

这12 个风险指标代表了衍生自具体变量的"风险特征"。因此PRS 是一种非常复杂的预测模型，综合了所有专家对相关问题的意见，然后把这些意见分成几个类别，并根据统计预测法来指定其概率值。该模型还可以预测未来政府的变革及各种政治力量的潜在影响。与单个变量相关的概率包括影响等级高低的各种因素的论证，以及报告中提供给管理人员用于风险预测调整的有关说明。尽管结果存在较高的投机性，但PRS 指数真实地反映了每个国家的情况。

在以上三种常用的分析模型中，最后一种模型要优越于前两种。需要补充说明

的是，这些模型的结果尽管进行了定量处理，表面上是权威客观的，但实际上其产生过程离不开专家的主观判断，也避免不了文化、宗教观念的影响，因此根本上也是主观性的评估，在某些方面也不比前两种评估方法更好。所以，跨国公司会对三者进行扬长避短的综合使用，将内部讨论、外部咨询和模型分析结合起来，获得最佳的对国家风险分析的效果。

三、风险预警

风险预警是预先建立一套衡量标准，随时监控企业面临的跨国风险的程度。风险预警在风险评估的基础上，进一步将风险评估的结果输出为简化的信号，即风险发生的可能性和程度到达了哪一个警戒级别，从而直接引导后面的风险应对措施的选择。一般来说，跨国公司会建立一个风险警级表，例如，用五种颜色代表不同的风险警戒级别，将海外国家风险的警戒度设置：无警、轻警、中警、重警、危警；输出结果分别对应绿色、蓝色、黄色、橙色和红色。

在获得风险评估的结果后，风险管理部门将做出预警报告，并进行预警决策，如果目前的风险处于正常状态，则继续进行正常监控；如果处于风险警戒状态，首先判断其警戒级别，如果处于低度风险警戒，则进行常规监控，并做出预防措施和局部调整；如果处于中高度风险警戒，则将提高监控，发出警报，并采取措施进行预防或应急处理。此后又将目前的状况放置于动态监控中，并保持风险监控不断循环，持续进行预警和处理风险，使跨国公司处于正常状态。

四、风险应对

根据风险发生可能性的高低，以及风险对公司影响的大小，跨国公司会具体地选择风险应对的策略。风险应对的策略基本有四种：风险的回避、风险的转移、风险的控制、风险的自留。这些策略的选用要参照风险发生的可能性和影响力两个维度。[①]下面介绍了四种策略各自实施的具体条件：

（一）风险的转移

所谓风险转移是指国际化经营企业通过某种方式将风险损失转嫁给他人来承

---

① 参见杜莹芬主编：《企业风险管理——理论·实务·案例》，经济管理出版社，2008年，第84页。

担。即使是世界著名的跨国公司，其抵御风险的能力也不是无限的。风险转移最常用的方法是向保险公司投保（见图4-4）。

图4-4 风险应对策略图

当代许多发达国家为保护本国投资者的利益，设立了专门机构为海外投资公司提供保险服务，以抵御货币不能兑换、征用或没收、战争及内乱等政治经济事件带来的损失。比如，美国有海外私人投资公司(OPIC)、进出口银行和外国信用保险协会，加拿大有出口发展公司，英、法、德、日等国也有类似的机构。

购买海外投资保险可以给跨国企业带来许多好处：如果海外投资遭受了政治风险损失，跨国企业可及时获得保险补偿；即使不发生损失，跨国企业也把风险转嫁出去，其唯一代价是支付一笔保险费。这有利于精确计算未来的成本收益，为风险管理提供条件。

当然，这种技术也有其局限性：一方面，它仅限于对有限国家的投资；另一方面，一般仅对那些对东道国有利的新投资项目承办保险，保险费率也较其他险种为高。因此，跨国企业在开始海外投资前，必须综合考虑各方面情况，决定是否投保以及投保何种政治风险、在什么机构投保、投保的金额与保险费率的高低等，以使企业海外投资效率最大化。

风险转移也包括签订投资保护协议。投资保护协议中应尽可能明确地规定跨国企业与东道国政府之间的权利和义务，具体应包括有可能发生冲突的一些领域，如：资金流动的依据（股息、管理费、特许权使用费、专利费及贷款偿还金），转移价格的制定依据，向第三国市场出口的权利，建立社会及经济公共项目（如学校、医院、退休制度等）的义务，有关所有权的规定，原材料及零部件的当地来源与进口比例的规定，职员雇用制度，纠纷仲裁条款以及有计划放弃投资条款，等等。跨国企业应事先就上述条款与东道国政府尽可能地达成协议，以做到防患于未然，从而降低政治风险。

（二）风险的回避

风险的回避是企业在风险发生的可能性较高以及风险的影响性较大的情况下，采取的中止、放弃某种决策方案或调整、改变某种决策方案的风险处理方式。例如：采取禁止交易、减少或限制交易量、离开市场等方式避免风险的发生。

风险回避可以根据企业对待风险的态度分为积极地避免风险和消极地避免风险。二者的相同之处在于企业都认识到自身的实力不足以承受该风险发生所带来的损失，都希望在风险发生前就将其规避掉。但是从风险偏好的角度来说，尽管不论积极的风险回避者还是消极的风险回避者都厌恶风险，消极的风险回避者由于不会去主动地识别风险，因此就更不会应对风险或接受风险的挑战；而积极的风险回避者不会由于回避风险而丧失谋取利润的机会，他们能够更好地了解自己企业的能力和状况，明白并运用风险避免策略。

所以在使用该策略时，跨国公司会在恰当的时候调动自己的能动性，分情况采取以下方式：（1）完全拒绝承担风险；（2）逐步试探承担风险（不是一下子全部回避撤出，而是分步实施投资进入，或者撤资，这样可以回避掉一部分风险，也可以为企业将来主客观形势变化后卷入重来打下基础）；（3）中途放弃承担风险。

（三）风险的控制

风险控制是企业有意识地接受跨国经营中的风险，并以谨慎小心的态度对风险进行分散、削弱、控制，努力将大风险化为小风险，变大损失为小损失。其中最常用的就是将风险分散开来。

风险分散的基本原理就是不把鸡蛋放在同一个篮子里。具体说来，这种风险分散策略的要诀是进行多元化的组合，使企业避免将安全寄托在某一点上。

首先，投资客体的分散化。在对外投资所需资金和物资的安排上，选择不同国家、不同行业、不同企业和不同产品分别投资，有利于达到降低风险的目的。当代跨国公司在海外生产布局上，往往不是遵循大而全、小而全的生产组织方式，而是遵循不同地区子公司高度分工的原则，通过海外子公司的相互协作生产来完成整套工序。假如某一环节的子公司被东道国收归国有化，由于东道国无法得到全部工序，则该收归行为也变得毫无价值。例如，克莱斯勒设在秘鲁的汽车装备厂在其他外资企业被国有化时，之所以幸免于难，原因是其在秘鲁的装配厂仅生产整车50％的零部件，其余重要部件包括引擎、传动轴、车身钢板以及许多配件则由设在阿根廷、巴西等地的子公司分工制造。

其次，投资主体分散化。在对外直接投资中，跨国企业与东道国政府和企业共同投资，是降低政治风险的一种有效策略。通常采用合资经营、合作经营、合作开发等形式，由双方或多方共负盈亏、共担风险。在实施投资主体分散化的实践中，跨国企业常邀请国际银团、外国银行、大型财务公司入股，以形成多元化融资主体的资本结构。由于这种融资主体代表了各方面国家或集团的利益，加之本身的一定影响力，东道国不敢轻易征用和违约。

跨国企业还可以通过雇佣东道国劳动力，扶植当地利益相关者包括各方面有协作关系的商人、消费者和银行家等，与东道国形成利益共同体。这些方式也会将跨国企业面临的风险分散、削弱。

再次，投资形式多元化。海外投资分为直接投资、证券投资、信贷投资等多种形式。不同类型的风险对不同形式的海外投资的影响有较大的差异，当跨国企业的直接投资受到某种政治风险的威胁时，可以转换其投资形式，如将直接投资转化为间接投资，将股权投资转化为债券投资等，也能在一定程度上避免或减少政治风险。

此外，控制产品的分销渠道，将其营销渠道或手段分散化，以增加征用或国有化的成本，达到降低政治风险的目的。例如，美国联合果品公司就曾使用过这种策略。该公司在拉美多国设立其香蕉等水果基地，但将出口香蕉等水果的冷藏船从其生产基地中分离出来，控制在母公司手中。如果东道国没收其生产基地，则会失去运输工具和分销渠道，从而使其没收得不偿失。

（四）风险的自留

风险自留指跨国经营企业以自身的财力来负担未来可能的风险损失，包括两个方面的内容，一是承担风险，二是自保风险。二者均由企业自身的财力来补偿风险损失，区别在于后者需要建立一套正式的实施计划和一笔特别的损失储备金或基金；前者则不建立这种计划和基金，当损失发生时，直接将损失摊入成本。当风险带来的经济损失较小时，企业可以采取直接承担风险的方法来处理。自然本措施必须考虑到企业的财务承受能力。

风险自留是企业处理发生可能性低、损失较小的风险的一种手段，通常是根据企业未来风险损失的测算，采用定期摊付、长期积累的方式建立起风险损失基金，以补偿这种风险损失。与保险相比，两者的基本原理是一致的，但由于前者损失成本的分摊是在一个企业内部进行，因而企业实际上只支付了实际损失额，免除了保险公司的管理费和利润。

第三节　跨国公司的风险管理新趋势

20 世纪90 年代以来，在冷战结束所开启的全球化新一波的迅猛发展下，西方跨国公司为了适应日益扩大的全球经营和风险管理成本增大等问题，采取了一些新的手段来进行跨国经营风险的管理。

一、风险应对联盟化

为了克服20 世纪80 年代后新贸易保护主义的障碍，降低区域性风险，跨国公司开始突破以往单枪匹马式的直接投资风险管理模式，较多地转向通过协议合同等契约式的风险管理。例如，跨国公司通过向海外协议方企业提供管理、技术、专门知识（技能）、商标和向协议方企业提供产品或企业形象设计等，从而获得海外经营权。这种契约式的经营战略较以往海外直接投资具有较强的风险抵御能力。其中，许可证转让、专有权转让和分包合同是最基本的形式。世界每年的许可证转让费高达1200 亿美元。比如，可口可乐、麦当劳等是全世界转让专有技术或专营权的成功典型，美国耐克公司的鞋和服装的生产分包给了40 多个不同的国家和地区。这些公司主要采用了以合作、合同为核心的契约化风险管理方式。

当今国际竞争环境变化迅速，而且许多环境因素的变化方向与变化速度都具有较大的不确定性，难以准确地预测与把握。这种国际竞争环境要求跨国公司建立高度灵活的组织结构和风险管理形式。随着高科技发展和产品的复杂化，使海外投资者单凭自身力量深感力不从心，与其冒巨大的风险孤军作战，倒不如与同行竞争对手结成风险与成本共担、收益共享的战略联盟，更能增强风险防范的能力，拓展生存的空间。跨国公司普遍进入高新技术领域开拓，而高新技术领域有投资大、风险大的特点。为了分摊昂贵的研究和发展费用，减少高技术的投资风险，当代一些跨国公司纷纷结成了共同开发新产品的联盟。联盟主要集中于国际竞争极为激烈的行业领域。如半导体、电子信息、药品、汽车以及航运和银行等资本技术密集型产业。产业"巨人"们在新的国际环境下，不再一味地强调对抗和竞争，而是更多地转向协作型竞争。这种协作型竞争成为当代跨国公司战略联盟风险管理的新特点。

二、风险防范当地化

为了防范东道国政府在法律和政策上对外国资本的限制，防范外资企业国有化等国家风险，跨国经营风险一改过去无视东道国利益的经营战略，注意使其经营活动同东道国社会经济、法律、文化环境相融合，采用合资经营、合作经营等方式，不失时机地推行当地化政策。在产品结构上，努力适应当地消费需求，提高合资企业产品的"国有化率"。在生产方面，将一些高附加值且出口创汇能力强的产品安排在东道国生产，强调对东道国经济发展的促进作用。在经营管理方面，一方面使其管理人员更多地了解当地文化，加强与东道国政府与社会各界的沟通与协调；另一方面在东道国选用部分管理人员，尽可能利用当地的管理资源和人力资源，通过"当地化"战略的实施，有效加强了对发展中国家的风险防范。

在这些新应对之外，研究与开发（R&D）的当地化是一个重要的动向。传统的风险管理理论认为，研发活动属于跨国公司经营业务的一部分，具有一定的集合和规模效应，要求研究机构之间位置相近；为了减少技术扩散的风险，R&D 机构一般位于母公司，即使是一些国际化程度较高的跨国公司，其研究与开发机构过去也主要在母国建立。

然而，这种集中化的R&D活动方式越来越不适应当代跨国公司风险管理战略的新特点。知识经济的兴起使许多与知识经济相关的资源越来越具有跨国界的特点。跨国公司要获得创新的知识资源，必须在区位上尽量接近拥有新知识源的大学以及强有力的竞争者。同时，随着国际范围内竞争的加剧，跨国公司为降低技术开发的风险，必须加快从新产品开发到推向市场的速度，因而必须在国际范围内建立其研究与开发的网络。

伴随着全球跨国公司的迅速发展，其研究与开发活动正在发生重大的变化，即日益成为跨国公司增强整体风险防范能力的核心环节和风险管理的制高点。近十几年是跨国公司R&D加速发展时期。跨国公司为了实现创新活动的全球最佳组合，努力提高并保持长期的竞争优势，正在世界不同区位加快建立R&D机构和新产品开发中心，并伴随R&D国际化的继续深化而呈现不断集中的趋势。在新的风险管理战略上，跨国公司不再满足于追随技术竞争的步伐，而是在世界范围内寻求合作并在最适宜的区位选择最具潜力的区位，建立自己的主导研究机构；不再仅仅着眼于单项技术或新产品的开发风险，而是着眼于跨国公司整体的战略目标和抵御风险的整体实力的提高。

三、风险管理网络化

随着跨国战略联盟与合作的发展，跨国公司在结构上逐步演变成"全球网络公司"。它具体表现为两个互相交错的网络的拓展与延伸：一是由跨国公司通过海外直接投资在世界各地建立的海外子公司所组成的公司内部网络；二是跨国公司通过全球性战略联盟与合作而与其他竞争公司建立的公司外围网络。在20世纪80年代以前，跨国公司的发展主要依赖拓展公司内部网络；自80年代起，国际竞争环境的变化使它们越来越倾向于联合安排，转向发展公司外部网络。跨国公司内、外两大网络互相渗透、互相补充，构成了跨国公司海外直接投资的战略基础和经营体系。根据最近的一项调查，日本公司55%的生产物资供应来自公司外部合作网络，40%来自公司内部网络，只有5%来自非合作性交易。

网络管理的形成是跨国公司内部风险管理组织结构的一大创新。从金字塔形的等级制向网络型一体化制的过渡，显示了适应信息技术和其他外部环境变化的组织革命。网络管理的核心是通过人力资源、软技术和信息在跨国公司全球系统内的自由流动，开发新型的管理关系。由此而形成的风险管理的组织结构中，有效地解决了以往母公司与子公司之间在风险管理上的集权与分权的矛盾及其相应的管理模式，它将组织管理的范围向外延伸，供应商、客户、竞争者甚至连传媒机构都成为网络化管理所需调动的目标。

跨国公司的网络化结构大大增强了其抵御风险的整体实力。国际竞争要求参与竞争的企业必须实现经营范围和地区多样化，并对变化莫测的国际市场做出迅捷的反应。跨国公司的网络化经营使其实现了经营地区多样化、全球化，通过全球生产经营网络，使其在最短的时间内、最广泛的市场上应用最新的技术成果，加速了技术创新的成本回收，有效地补偿了局部地区的风险损失。

四、风险分散多元化

（一）通过投资形式多元化，分散投资风险

在投资方式上，跨国企业实施多元化策略以分散风险。直接投资、合资、收购兼并是跨国企业的主要投资方式。但近年来，非股权安排和契约合同方式逐渐被很多跨国公司采用。这是由于一方面发展中国家往往规定了外国控股比例的上限，另一方面跨国企业对于国有化风险保持了较大的顾虑和警惕。因此，跨国企业越来越多地采用通过向契约方企业提供管理、技术、专门知识、品牌等来谋取高额利润，并降低直接入股的资金风险。常见的契约参与的主要形式有：

1. 特许合同。即东道国与外国企业合作开发自然资源。它是一种授予式的合同，在特许期间只能严格履行而不允许更改。

2. 交钥匙合同。近年来，发包方不仅要求承包方完成项目的硬件建设，而且规定承包方以及分包方的责任为项目建成后经过试运转阶段合格且投入商业运行为止。

3. 产品分成合同。即由东道国资源开发公司与外国公司就联合开采的资源的利润分享、税金缴纳、专利补偿等具体问题签署协议并加以确认。

4. 技术服务合同。即由投资方派遣技术人员协助完成工程，并按协议比例提取服务费。第一，合同标的是解决特定技术问题的项目。第二，履行方式是完成约定的专业技术工作。第三，工作成果有具体的质量和数量指标。第四，有关专业技术知识的传递不涉及专利和技术秘密成果的权属问题。主要包括：技术开发合同、技术转让合同、技术咨询合同及的技术服务合同。

5. 联合销售合同。即除返销投资以外的其他产品由双方以各自的销售渠道推向国际市场，销售利润根据双方协议比例或销售实绩分配。

6. BOT 项目成套合同。主要用于耗资巨大的基础设施项目的国际合作的风险防范。

7. 许可证交易。这种投资方式比直接投资风险较小，其进入国际市场的投资

（成本）较低，同时有助于跨国公司分担研究开发费用。许可证交易也有不足之处：尽管发证方对产品质量可加以控制，但对售证方生产多少及其营销计划缺乏控制，与直接投资相比收益较小；许可证交易具有排斥性，发证方在规定期限内被排除在外，不能用直接投资方式进入该市场；许可证交易还可能把受证方培养成发证方的竞争对手。

（二）通过融资来源多元化，分散融资风险

在融资主体方面实施多元化策略，如采用邀请国际银团、外国银行、大型财务公司以及东道国政府、银行、企业入股等形式以分散融资风险。其中，各类政府贷款、BOT 承包工程、出口信贷是国际项目贷款的惯常形式，由于贷款银行得到国家政策性利差补贴，可以提供比资金拆借市场利率更低的优惠贷款，从而降低跨国企业的融资风险。

（三）采取多种工具，化解汇率风险

短期来看，跨国企业规避汇率风险的主要措施包括：合同约定保值、选择合适的经营决策、利用贸易融资工具或利用衍生产品来规避跨国经营的汇率风险。

合同约定保值是指将交易通过合同方面的约定来进行汇率的风险管理。比如出口企业为应对汇率的不稳定性所带来的风险，在签订合同时把汇率因素考虑在内，双方可以规定一个互相都能接受的风险比例作为合同的附加条款，通常来说各自承担一半的汇率风险。

通过经营决策避免外汇风险。企业可以通过经营决策来避免外汇风险，比如在选择计值货币上，选择一些比较坚挺的货币如英镑、欧元等。另外可以利用提前与延迟，在预测汇率会上升的情况下，出口企业可以延迟结算，进口企业可以提前结算。比如在收汇情况下，预见汇率可能下降，应及时办理结汇；预见汇率可能上升，应延迟办理结汇从而增加收汇收益。

选择贸易融资工具避免外汇风险。贸易融资属于最近发展起来的金融工具，在目前企业跨国经营活动中采用得比较多。从实际使用效果来看，较好地解决了外贸企业资金周转的汇率问题。出口押汇、福费廷是较为常见的贸易融资方式。

选择金融衍生产品避免外汇风险。可服务于外汇交易的金融衍生产品很多，包括远期结售汇、外汇期货、外汇期权以及汇率锁定等。

专栏 4-1 全球知名贸易集团应对海外汇兑风险

　　全球知名的某贸易集团在匈牙利设有一家工厂，该集团 2012 年以前采用的记账币别是福林，但是交易币别基本都是美元，且该公司持有很多海外公司的股份，这部分投资每年都需要做汇率评估，因此常年会产生很大汇兑风险。为规避可能产生的风险，经与专业事务所反复商讨之后，该贸易集团认为若将记账币改为美元可以极大地降低该风险，因此 2012 年，该集团匈牙利公司向税局申请更换记账币别，税局通过评估之后核准了该集团的申请。自 2012 年之后，该集团的汇兑风险大幅下降。

（四）选择投资形式，降低管理风险

当前，跨国经营的主要特征表现为：

第一，跨国公司实行全球战略目标和高度集中统一的经营管理。

第二，跨国公司向综合多种经营发展。例如，美国杜邦公司和联合化学公司、联邦德国巴登苯胺苏打公司和赫希斯染料公司、英国柯尔兹化学公司、日本朝日化学公司和住友化学公司等化学工业公司，除了经营化学工业产品以外，还兼营制药、食品、化妆品、首饰工艺品、纺织、冶金、电子、化肥、农药、运输和旅馆业等各种行业。

第三，以开发新技术推动跨国公司的发展。其中，跨国公司技术转移战略通常为：从全球范围比较生产成本，选择最佳生产基地，以确保高额利润。首先，把研制的专利技术应用于母国的国内生产，垄断国内市场，并通过产品出口满足国外市场的需要。其次，经过若干年后，再将新技术转让给设在其他发达国家里的子公司，取得当地市场的技术优势。再次，又过若干年后，再向发展中国家的子公司转让技术。跨国公司转让技术要考虑生产能力（或运用生产技术的能力）、投资能力（或扩大生产以便利用扩大了的国内市场或出口市场的能力）和革新能力（它使研制新产品和提供新服务成为可能）。

第四，跨国公司从利用价值竞争手段，转向非价格竞争手段争夺全球市场。非价格竞争是指通过提高产品质量和性能，增加花色品种，改进商品包装及装潢、规

格，改善售前售后服务，提供优惠的支付条件，更新商标牌号，加强广告宣传和保证及时交货等手段，来提高产品的素质、信誉和知名度，以增强商品的竞争能力，扩大商品的销路。目前跨国公司主要从以下几个方面提高商品的非价格竞争能力：(1) 提高产品质量，逾越贸易技术壁垒；(2) 加强技术服务，提高商品性能，延长使用期限；(3) 提供信贷；(4) 加速产品升级换代，不断推出新产品，更新花色品种；(5) 不断设计新颖多样的包装装潢，注意包装装潢的"个性化"；(6) 加强广告宣传，大力研究改进广告销售技术。

第四节　大型企业与中小企业跨国经营风险管理的异同

由于在资产规模、技术实力、组织网络、人才资源、市场占有率等方面的鲜明差距，大型的跨国公司与中小型的跨国公司在风险管理的应对上有较为明显的分化，如果大型公司主要是靠实力稳重地应对跨国经营的风险的话，那么小型公司则主要是通过灵活的策略、妥当的技巧、快速的反应等来应对国际商海中的风浪。①

一、大型跨国公司的风险管理

大型跨国公司由于其财力雄厚、规模庞大，拥有先进的技术和独特的管理技能，一般将"多国经营"作为本企业的重要经营方略。因而，大型跨国公司的风险管理往往以全球性战略为导向，而不是单纯孤立考虑某一特殊国家和特殊市场的风险因素。大型跨国公司往往以世界市场为角逐目标，通过对公司所处的环境，包括各国各地区经济、政治和社会状态，世界范围生产成本和价格等以及自身条件与竞争对手的比较分析，来制定风险管理战略目标以及具体的实施部署。

大型跨国公司实施全球风险管理战略，在于大企业存在下面几点优势：第一，大型跨国公司能有效利用全球经营的综合优势，增加其应对危机和风险的综合实力，如

① 参见熊小奇著：《海外直接投资风险防范》，经济科学出版社，2004年，第113页。

以国内生产支持国外附属公司生产，以国外生产弥补国内的损失等。第二，大型跨国公司可以充分利用国内的资源优势（包括劳动力优势），降低生产成本，从而降低经营风险。第三，大型跨国公司可以在向国外市场推销新产品的同时，将发达工业国市场上已经处于饱和状态的产品，销往发展中国家市场，既保持了产品的相对新颖性，又延长了产品的生命周期。第四，大型跨国公司有条件利用各国不同的利率和汇率的差别，在各国子公司之间提前或延迟子公司调拨，以降低外汇风险，并获取汇率价差的利益。第五，大型跨国公司有条件集中进行R&D投资活动，并将新技术和新工艺分批、分散地转移到海外子公司，从而使整个公司延长技术独占时间，始终保持技术的优势。这样既有利于核心技术的控制，又可通过在子公司之间的几次间接转让而获得技术转让的效益。此外，大公司还可利用世界各国汇率的差异，选择全球最佳的纳税地点，逃避高税率国家的税收，从而降低汇率风险。

但是大型跨国公司也有大的问题。大企业在占据以上"大"的风险管理的优势外，也由于其规模经济和范围经济而面临风险的特殊性和复杂性。首先经营上会面临复杂的全球背景的经营风险。大公司往往面临竞争对手更激烈的挑战，而东道国或第三国市场上的一些风险因素，往往会对大公司的经营产生恶劣的外部环境影响和严重的损失，包括经济周期性衰退、汇率波动、通货膨胀、银根紧缩等。如日元升值曾给日本商社带来了极大的困境。近几年来，IBM面临外部的激烈竞争，正经历着一个发展的低谷时期。其次是多国政治和主权上带来的政治风险。大公司往往容易招致来自东道国或第三国政府的政策干扰，使公司开展跨国经营活动蒙受损失，如投资、贸易、货币、外汇管制等限制，战争或动乱，无理拒绝偿还外债等。再次是社会文化方面的风险。大公司以多国经营为战略导向，社会、文化的突变，如种族冲突、文化摩擦、民族习俗等会直接影响公司所在国的业务经营。最后是内部管理上的风险尤为严峻。国际市场瞬息万变，公司规模大、业务复杂，风险决策稍有失慎，即可能陷入被动而导致危机。当国际市场处于少品种、大批量生产时，规模经济意味着劳动生产率高、生产成本低、产品竞争力强，从而抗风险的能力也较高。而当世界经济进入低速增长或市场规模趋于小型化时，则要求企业具有更大的"弹性"和"灵活性"，生产应该是多品种、小批量。此时那些大型跨国公司，由于规模大、组织层次多、信息反馈环节长，组织机制缺乏活力的缺点便显露出来。过于庞大的技术系统，往往难以及时进行技术改造，技术更新和及时转产的难度也较大。

　　为充分发挥大公司风险管理的优势并克服其弊端，当代跨国公司正在探索风险管理组织结构的变革。19 世纪西方许多著名的大公司如杜邦、通用汽车、通用电气，一般都采用 U 型组织结构（即职能部门型组织结构）；但进入 20 世纪后，大型跨国公司多面临规模庞大、体制僵化和难以适应市场变化的局面。在这种情况下，通用汽车公司率先进行了内部分权的组织制度创新，采用了新的 M 型组织结构（事业部型组织结构），使其风险管理能力大大增强。20 世纪 60 年代以来，美国出现了大量混合型公司，大都采取 H 型结构（控股公司型组织结构），经营从制造业到旅游、餐饮业等完全不同的行业，具有较强的分散风险的功能。然而混合型企业往往缺乏战略优势和凝聚力，难以适应竞争，一些大公司又不得不撤出许多行业。日本跨国公司以 M 型结构为主，局部也采取 H 型结构的风险管理模式。如日本综合商社，对国内外贸易业务采取 M 型结构，而对辅助性业务如运输、仓储则采取 H 型结构。西方大公司在由 U 型结构转向 M 型或 H 型结构的过程中，积极探索风险管理的新形式。如推行两权分离的代理制，即西方具有相当规模的公司广泛实行产权和经营权分离的代理制，以加强其监督功能；对西方大公司主管采取激励性合同形式，对象范围小、报酬金额大，一般局限于 1%～5% 的高级雇员，报酬金额可达雇员平均收入的几十、几百甚至上千倍，以强化其风险管理的责任目标；在风险管理中，为防止其短期行为，美国某些公司将效益奖金延期 3～5 年，许多公司将部分报酬采取购股权的形式等，以克服大公司风险管理组织结构的局限。

二、中小型跨国企业的风险管理

　　全球化的激烈竞争中，规模过于庞大的跨国公司日渐不能适应风险突然爆发、迅速传递的形势，在压力下国外许多大公司纷纷开始规模和业务的收缩。但与此相对，却是西方数以万计的中小型跨国公司的蓬勃发展。例如，宾州阿美特克公司在意大利生产真空吸尘器，加州的应用材料公司在日本装配制造电脑芯片机器。这些中小型公司又称为"小巨人公司"，往往在世界各地开设企业、研究实验室和销售据点，尽管销售额通常仅有 2 亿～10 亿美元不等，但这批"小巨人公司"正以其强劲的竞争力崭露头角。一些专家们甚至开始认为，这些"小巨人公司"正在重新塑造 21 世纪及未来的全球性公司。

中外企业跨国经营风险管理比较

140

比较起来，中小型跨国公司能够在充满风险和激烈竞争的国际市场上赢得生存空间，原因在于它们结合自身的优点，建立了适当的风险管理模式。

（一）建立精干灵活的风险决策机构

小公司在决策管理上能有效地克服大公司的官僚机构的通病。如珀金—埃尔默公司和帕尔公司（前者在科学仪器方面的销售额为10亿美元，后者过滤器的销售额为7亿美元）在世界各地约有雇员6000多人，但是总部的工作人员还不到50人。法律、税务、外汇、会计业务等往往与风险管理活动融为一体，从而使公司的风险决策机构更加精干和灵活。

小公司能够精兵简政，节省了大量的管理费用，又为提高资金效率创造了条件。面对生存竞争，"小巨人公司"需要把至关重要的经费用于研究与开发工作。例如，密尔沃基的西布龙公司总裁肯尼思·扬茨同时管理着三项业务——实验室仪器、水净化系统和牙科产品，为了将其产品推向国际市场，公司在匈牙利、墨西哥和威尔士开设了工厂。但扬茨把总部工作人员保持在最小限度。这家营业额3.82亿美元的公司总部工作人员在改组中从155人减少到22人，以便使有限的资金发挥更大的效益。

（二）实行目标专一的风险管理策略

小公司由于规模小、实力单薄，通常无法像大公司那样开展多元化经营，并且如果离开所专长的领域也会遇到危险，因为它们无法在市场上直接较量。因此，目标专一、发挥专长是这类"小巨人公司"风险管理的原则。许多"小巨人公司"经营的企业看起来似乎更像车间而不像工厂。比如在匹兹堡市外的阿美特克公司是一家生产精密仪器的工厂，技术人员在熟练地组装特制的探测天然气的机器，这种机器每台的售价高达2万美元以上。这种产品产量低、利润高，对零件的生产要求极其精密，但市场规模却不小。帕尔公司仅把精力集中在过滤器生产和开拓新市场上，如制造用于酿造业和制药业的过滤器，用于喷气式飞机引擎和挖土设备的过滤器。该公司生产的血液过滤器甚至能够滤掉艾滋病病毒。在产品开发风险管理上，由于目标专一，故能与大公司较量，避实就虚、出奇制胜。

（三）抢抓机遇、及时应变的风险管理策略

随着当代科技的迅速发展，数目众多的大企业连连受挫，这说明规模巨大已不再是应对竞争和打击的缓冲剂了。一些国外经济专家甚至认为，当代"小巨人企业"的发展模式将可能改变整个跨国经营的格局。规模较小的企业，往往嗅觉灵敏，反应快，能及时抓住机遇，规避风险。

　　美国实用材料公司是一个成功的例子。早在20世纪70年代后期，该公司总裁莫根意识到必须进军日本，于是抢抓机遇，在日本投资900万美元建立了技术中心，在那里生产出了世界上一半的电子集成块。现在该公司在日本拥有800名雇员，14家销售及维修办事处。由于抓住了机遇，后来居上，击败了东京电子公司，成为世界头号芯片制造商。

　　西方的跨国小公司凭着灵活、及时的优势对其跨国经营风险进行了高效的管理，这帮助它们获得了大公司无法取代的一些市场。

　　鉴于中小公司的中坚地位，国外许多国家的政府积极支持中小企业开展跨国经营，并提供各种形式的风险保障。如美国政府早在1953年成立了联邦政府小企业局，其主要任务是对小企业的发展计划提供咨询服务，为小企业向银行贷款提供担保，协助小企业向海外投资并提供一定的风险保障等。美国政府还通过立法来促进小企业的发展。向小企业提供开发项目、签订合同，提供经费支持的部门还包括航空与航天管理局、能源局、海军、空军和陆军等政府部门。目前已有3000多家小企业共6000多个研究项目获得了资助。日本对中小企业的支持由来已久，日本建立了国家和地区的四级行政管理机构，负责全国或区划内中小企业的发展政策、规划、指导和监督。鉴于中小企业由于信用程度和贷款的担保能力较低，一般很难从金融部门筹集出发展资金，日本政府还专门成立了实行优惠贷款的金融机构，如企业金融公库、国民金融公库等，向中小企业发放大量贷款并提供信用保障。上述政策和措施对提高中小企业风险管理的能力和实力产生了积极的影响，对中小企业积极拓展市场起到了推动作用。

· 案例 ·

4.1 肯尼柯特公司投资主体分散化策略

　　在使用投资主体分散化策略上，美国的肯尼柯特公司是个成功的例子。肯尼柯特公司设在智利埃尔·特尼恩德矿区的子公司拥有全世界30%的铜矿产量，在20世纪40—60年代一直采用独资形式。1964年，应智利政府要求对矿山进行现代化改造。在扩大产量的同时，肯尼柯特公司对子公司的融资政策进行调整。首先将子公司 51% 的股份作价 8000 万美元售予智利政府，交换条件是取得 10 年的管理协议；同时从智利铜业公司筹得贷款 2400 万美元，从美国进出口银行筹得贷款 1.1 亿美元。

此外，肯尼柯特公司还利用铜的长期期货合同作抵押筹得贷款 4500 万美元，这些长期期货合同的收账权又让售给欧洲和日本银行组成的财团，取得贷款 4500 万美元。这样，肯尼柯特在未投入 1 分钱的情况下，将独资企业改成合资企业，并使公司股本从不足 1 亿美元提高到近 3 亿美元，同时发展了一批欧、亚银团的外国债权人。

1971 年，智利实行本国铜矿国有化，由于事先成功实施了投资主体分散化战略，肯尼柯特依靠合资后向美国私人投资公司的投保获得赔偿，补偿损失后还略有剩余。

（资料来源：熊小奇：《海外直接投资风险防范》，经济科学出版社，2004 年，第 144-145 页）

· 案例 ·

4.2 西方石油公司诉厄瓜多尔政府案

美国西方石油公司（OXY）与厄瓜多尔（下称厄）政府的投资纠纷由来已久。1999 年，OXY 与厄政府签署第 15 石油区块开采合同，之后，OXY 将 40% 的开采权转让给加拿大 AEC 石油公司。私自转让开采权是被厄《石油法》明令禁止的。2004 年，厄总检察院正式向政府申请，要求废除与 OXY 签署的开采合同，2006 年厄政府提前宣布 15 区块到期并强制没收其区块资产。OXY 公司认为厄政府此举属强行征收，违反美厄双边投资保护协定，并于当年正式向 ICSID 提请国际仲裁，要求厄政府赔偿 33.7 亿美元。2015 年 11 月 2 日，厄总检察院发布公告宣布，世界银行国际投资仲裁争议解决中心（ICSID）对美国西方石油公司（OXY）诉厄中央政府一案做出终审判决，厄政府赔偿 OXY 公司 10.62 亿美元，较该机构 2012

年要求厄政府支付的 17.696 亿美元降低 40%。

仲裁庭认为，分成合同本身以及厄法律均规定，转让分成合同的权利义务须经厄当局批准，因此西方公司未经批准而擅自转让合同的行为确有不当；但是，转让行为未经批准这一事实并不导致分成合同应当被终止，以终止合同来惩罚西方石油公司不符合比例原则。

仲裁庭分几个层次进行论证：（1）厄宪法、厄美（国）投资保护协定（BIT）以及习惯国际法都确立了比例原则或者通过公平与公正待遇间接规定了比例原则；（2）对于未经批准擅自转让这种行为，厄法律虽然授权厄当局可以终止合同，但并未要求必须终止合同，换言之，厄当局拥有终止或不终止合同的裁量权；（3）在终止合同之外，厄当局拥有替代选项，例如修改合同以提高厄方的分成比例；（4）厄方终止合同给西方石油公司造成了高达几十亿美元的损失；（5）AEC 公司长期在厄从事石油勘探开发，拥有相应资质，受让分成合同的部分权利义务不会给厄方造成损失；（6）最后，厄方终止合同背后有明显的政治动机，包括为其在增值税纠纷案中的败诉进行报复，安抚国内反美情绪等。

据此，仲裁庭裁定，厄当局终止分成合同的行为违反了厄国内法、习惯国际法以及厄美 BIT 中的公平与公正待遇和间接征收条款。

在计算赔偿额时，仲裁庭采用了现金流量折现法，即将 15 号油田未来预计将产生的全部净收益折现到分成合同被终止之日（2006 年 5 月 16 日）。根据争端双方顾问提交的联合报告，15 号油田的可开采储量为 2.09 亿桶，据此计算出西方公司遭受的损失为 23.6 亿美元。由于该公司未经批准而转让分成合同权益，也有过错，仲裁庭裁令厄瓜多尔承担 75% 的责任，赔偿 17.7 亿美元。

与其他领域的投资项目相比，能源、资源类项目涉及"自然资源的永久主权"和"新殖民主义"等敏感话题，而且项目实施的各个环节几乎都需要与东道国政府或其授权的国有企业直接打交道，因此与东道国政府产生纠纷的可能性更大。同时，能源、资源类项目的投资规模往往以亿甚至十亿美元计，一旦发生纠纷，对投资者造成的损失也更为巨大。实际上，在这一领域，中国企业与东道国政府发生纠纷的情况已经开始出现。例如，中石油在乍得因为违反环保法律，被乍得政府撤销勘探许可证，并面临12亿美元的索赔。

西方石油公司诉厄瓜多尔案对于中国能源领域的海外投资保护有以下启示：

第一，企业在投资并购决策过程中，尤其是决定能源、资源类的大型投资项目时，应当将政治和法律风险作为重要考虑因素。在招商引资之际以及投资伊始，外国投资者与东道国政府往往处于蜜月期，但随着政府更替、外交关系变化以及民粹主义情绪上升等因素的出现，东道国政府有可能通过撤销合同、撤销许可或貌似合法的执法行动(例如税收执法、环保执法)间接征收外资企业的财产，甚至也会实施直接征收。中国企业应当尽量在与中国缔结投资保护协定的国家或地区投资。如果中国尚未与投资目的国缔结投保协定或所缔结协定的保护水平较低，可以通过适当的投资路径规划和投资者国籍筹划，获得第三国与投资目的国缔结的投保协定，或者《能源宪章条约》等多边或区域协定的保护。

第二，企业应当依法投资、守法经营，同时妥善应对东道国的执法行动。如前所述，非法和恶意投资不受法律保护，中国企业在绿地投资或者收购当地企业过程中，应当遵守东道国法律。投资完成之后，固然也应当守法经营，包括依法纳税和保护环境，但需注意的是，经营过程中出现的违法行为，并不影响该投资项目获得国际法保护的权利。东道国在执法和处罚时必须确保投资者和投资享有公平与公正待遇，执法行动应当遵循正当程序原则，处罚结果应符合比例原则，不得具有歧视性，更不得以执法之名行征收外资之实。如果东道国的执法行动违反公平与公正待遇的要求，或者构成间接征收，企业有权要求赔偿损失。

第三，在与东道国政府发生争端时，企业应综合运用协商、调解、外交和法律等多种手段寻求解决方案。协商解决是应当优先考虑的选项，因为其成本相对较低，而且有利于企业今后在东道国继续开展投资经营。在双方当事人关系紧张、直接对话比较困难之时，则可通过适当的中间人进行调解。寻求母国政府的支持甚至外交保护也是一条路径。

第五章 中国企业的跨国经营风险管控

.

西方跨国公司在应对跨国经营风险方面已形成一套有效的管理办法，这是中国企业在实施、贯彻走出去战略时，应当借鉴的地方。

第一节　中国企业应对海外政治风险的策略

跨国经营风险是中国企业国际化的拦路虎，对于仍然处于国际化发展初级阶段的中国企业来说，跨国经营风险造成的威胁是不可轻忽的。跨国经营风险的成因复杂，牵涉到的干扰力量远远超出普通的经营因素，经常会碰到政治力量、社会力量的破坏和阻挠等，因此在面对跨国经营风险日益增大的局面下，企业单独应对复杂的跨国经营风险时往往力不从心，需要中国政府与企业一起合作来应对挑战。当然，应对跨国经营风险最终要靠企业自己，提高企业自身对跨国经营风险的管理才是根本。

在跨国经营风险的管理上，无论是何种类别的国家风险，都要认识到任何风险都是可防可控的，它可以识别，因而也是可以控制的。所谓识别，是指根据过去的统计资料，通过有关方法来判断某种风险发生的概率与风险造成的不利影响（费用、损失、损害）的程度。所谓控制，是指可以通过适当的技术来回避风险，或控制风险发生导致不利影响的程度。现代管理科学为风险识别与控制提供了一系列理论、技术和方法。例如，企业可以通过自己的经营轨迹、社会政治经济发展变化的趋势，对企业经营可能产生的风险及风险发生的时间、范围、程度进行预测和把握，

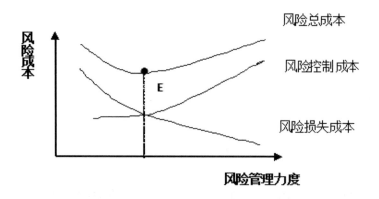

图 5-1　风险管理的最小成本目标

从而有效地进行预防。归根到底，企业对跨国经营风险的管理，就是如何对风险进行识别和控制的工作。而对风险的控制管理，基本目的就是预防风险发生的概率，以及减少风险发生后给企业带来的财产和人员损失。这一基本目的引导着我们的企业有计划有准备地去进行跨国经营风险的管理。跨国经营风险也可以用成本—收益模式进行理性管理。我们可以用图5-1来说明。风险管理的目标是在风险管理的成本与风险损失的成本之间取得平衡，最终将风险总成本控制在E点。

在本章中，我们将就中国企业面临的一些关键的突出的跨国经营风险问题，进行应对管理上的讨论和建议。在这些不同风险的应对上，有一些共同的基本要求，例如增强风险意识、建立风险管理的基本制度等。但不同风险的应对还有很多不同的地方，需要分别进行研究。

企业是投资主体，也是承担风险的主体，提高企业风险防范能力是应对跨国经营风险的根本之道，西方跨国公司基本上也是靠自己的力量来管理政治风险的。中国企业，无论是大型国有企业还是中小企业、民营企业，都应当增强海外政治风险意识，建立风险管理体系，运用适当的风险管理工具和策略，增强自己对跨国经营风险的管理和控制能力。

一、增强对海外政治风险的防范意识

中国企业对海外政治风险要有充分的认识。对于政治风险的主要类型和表现形式，在企业开展跨国经营活动之前就应有所了解。东道国的政治风险水平、政治风险对企业的影响，以及企业如何应对都要在开展跨国经营活动之前就做到心中有数，如此才能在真正遭遇风险时有效应对，降低风险损害。

　　企业应认识到，政治风险在任何地区都可能存在，其广泛性和动态性往往给所有相关跨国经营活动都是一种挑战。即便在政权较为稳定、统治者长期执政的国家，也可能出现因为债务压力而发生国有化或征收风险的情况。政治风险形式多样、影响广泛，企业需要在开展跨国经营之前进行有效的风险评估，了解相关风险的发生概率及损害程度，并进行有效的防范和准备。

　　对于政治风险的防范意识既是企业制度上的安排，也是实际操作层面的行动；既是企业负责人或相关业务负责人的意识，也需要每个与跨国经营活动相关的企业人员内化于心、外化于行。需要认识到，在国内的投资经营活动与跨国经营活动所面临的政治风险差异较大，而不同国家间的政治风险也有很大的不同。风险防范的意识应深入贯彻到每个员工的日常行动之中，避免出现因员工个人的不当行为而给企业埋下风险隐患。

二、建立对海外政治风险的管理制度

　　目前中国多数企业在风险管理上尚未建立成熟的应对制度，多属于"救火式"风险管理，没能体现风险管理以预防为根本的要义。风险的管理需要建立风险识别、评估、预警和应对的流程，在制度上有效降低风险对跨国企业发展的冲击。

　　在组织机构上，跨国企业应将风险管理部门明确纳入企业跨国经营的决策过程中。目前中国企业的决策多呈现为"单线报批模式"：经办人员——部门负责人——分管副总——总裁。这种模式的弊病是，尽管项目经过了层层把关，直至企业最高层"集体研究"决定，但研究论证往往不够充分。国际上一些大企业的决策模式则更有科学性：报告每到一定层面，都要"横着走"，比如召开跨部门的会议进行专项研讨，甚至到企业外部去征询专家意见。在这样的过程中，风险信息会得到一个更全面的评估。这更符合风险管理的要求。单线报批模式虽然易于确定责任，但从规避风险的角度看则是简单草率的。事实证明，失败的决策往往都是这种简单模式的产物。所以，应当允许风险管理部门广泛参与企业内的决策讨论。

　　为加强跨国经营的风险防范，跨国经营企业应建立起内部风险管理机制，进行风险的预测、预防和风险的控制。一方面，按照"管法人管风险、管内控、提高透明度"的监管理念加强企业内部监管，严防违规操作；另一方面，要学会用国际惯

例进行风险管理，准确科学地发现、识别、防范、控制和化解经营风险。比如，对于预期汇率变化等不确定因素，要提前做好应对预案，有效降低风险。

在风险管理体系中，风险预警是最需要重视的。企业风险预警将风险管理的重点放在风险发生前的预防，而非发生后的处理。为此，需要建立一套规范、全面的预警管理程序：

1. 企业内部组建风险管理小组。小组成员应尽可能选择敢于创新、善于沟通、严谨细致、处乱不惊、具有亲和力等素质，熟知企业和本行业内外部环境，有较高职位的管理人员以及有较高业务素质的专业人员参加。

2. 将风险识别和分析常规化，建立灵敏准确的外部环境监测系统。企业必须建立自己的外部环境监测系统，密切关注其具体状况及变化趋势。建立风险预警系统，首先要对风险进行科学的预测分析，预计可能发生的风险状态。企业的经营管理者应密切注意与本企业相关的各种因素，如环境因素、技术因素、目标因素和制度因素等的变化发展趋势，从因素变化的动态分析中预测企业可能发生的风险。

3. 拟订预警管理计划，进行风险管理的模拟训练。定期确定危机主题，进行危机处理训练，这不仅可以提高危机管理的快速反应能力，还可以监测已拟订的管理计划是否切实可行。

4. 开展风险教育和培训，建立风险教育制度，以增强员工的风险意识和技能。使得危机发生时，使员工具备较强的心理承受能力和应变能力。

三、政治风险防控的策略运用

（一）投资前的预防策略

1. 加强风险评估以规避风险

中国企业对跨国经营风险管理还缺乏足够经验，风险意识处于薄弱状态。一些小企业更是抱着铤而走险的赌博心理，因无知而无畏。这种跨国经营风险防范意识的缺乏，是中国企业在海外发展的第一障碍，必须加以克服。而首要的工作就是要加强对跨国经营风险的评估。

跨国经营风险重重，其过程不亚于战争，是名副其实的商战，需要处理的事件复杂，风险程度高，不小心就会中埋伏，遭受沉重打击甚至全军覆没。正如孙子论军事作战一样，跨国经营风险既然如此高，需要审慎对待，那么第一条原则就应该是尽可能地搜集有关信息和情报，做到知己知彼。这样才有可能做出正确的决策，把握机会，避开陷阱。就这一点而言，对东道国政治风险状况的调查，实际上是决定跨国经营布局的一步。如果调查研究不到位，做出的错误选择和决策会从始至终地影响跨国企业的经营，甚至是后来用十倍百倍的力量来矫正都无法扭转的。如果调查研究的信息准确，风险评估可靠，由此做出的决策就不会有自杀性的失误。

中国企业在跨国经营风险的调查研究上一向重视不够，多数只知道算经济账，不知道将风险评估内化到项目设计的过程中，所以吃了不少苦头。为了确保安全，中国企业必须加强调查研究，加强对风险的识别，尽量充分及时地掌握风险信息，以便为企业的正确决策提供基础和前提。

企业在进行境外投资立项的过程中，应当对东道国的政治、法律、社会环境进行系统的考察和评估。许多发达国家都设有对外国政治风险进行评估的专业机构，如英国的《欧洲货币》杂志，每年都发布100多个国家的政治风险评估报告；还有美国的标准普尔和穆迪公司，都是非常专业的商业评估机构。中国企业在走出去的过程中，尤其是跨国并购时，应加强与这些国际风险评估机构的业务联系。因为他们对各国情况的熟悉是中国企业无法比拟的。当然，中国企业不能一味迷信西方评估机构的判断，因为其中包含着西方人的价值偏见和利益倾向，所以可能的话应当寻找中国自身的评估报告。

目前，虽然中国还没有形成专门的政治经济风险评估机构，但在2006年，中国出口信用保险公司发布了中国首部《国家风险分析报告》，标志着中国国家风险分析体系正式建立，为中国境外投资企业进行政治风险的识别和评估提供了科学的参考依据。同时，企业也可以与中国政府驻外机构、使领馆、经参机构、驻外商务机构、海外分支机构，特别是在东道国已经设立投资项目的中资企业加强联系与沟通，充分利用这些资源来详细了解东道国的情况。

在做专项的风险评估分析时，中国企业尤其应当强化对专业中介咨询机构的聘用。在现实中，中国企业对这类风险评估的作用认识还不够深刻，经常抱着能省则省、能免则免的态度。其原因在于，中国企业在观念上没有将风险评估看做积极的价值创造过程中的内在成分，而是把它看成累赘和成本。出于省钱的目的，中国企业经常凭借内部讨论几次即完成风险评估，并不习惯于聘请专业的中介机构来协助做出风险评估。

然而，这种看似聪明的做法实际上往往适得其反。TCL 收购阿尔卡特手机业务就是一个例子。在并购阿尔卡特手机业务时，TCL 通讯管理层认为阿尔卡特情况简单，该部门不到1000 人，且只有研发和营销体系，没有工厂，便觉得交易结构相对简单，涉及人员和资源比较少，整合难度比较低，因此就没有聘请中介机构进行精密策划，而是自己设计了收购方案。看似省了几百万欧元的咨询费，但结果却是因小失大。由于在制订计划的过程中准备不够充分，问题研究得不够透彻，对可能遇到的困难准备不足，低估了整合国外业务的难度，加之其他因素的影响，造成并购阿尔卡特后一度整合艰难，给TCL 集团的经营造成了极大的压力。

风险评估与调查是跨国经营的始点，决定着企业未来长期的经营格局。如果风险评估与调查没做好或做错了，那么就会从战略上将企业误导到错误的道路上。所以，风险评估与调查是一定要按科学来的，不能急功近利，更不能轻视。

上汽集团投资英国罗孚汽车时，由于进行了现实的风险评估，因此得以避免收购陷入泥潭。2005 年初，罗孚的经营情况不断恶化。于是上汽聘请了国际知名咨询公司和会计师事务所，对罗孚的相关情况进行了进一步的尽职调查，结果发现罗孚破产的可能以及由此带来的风险远远超过已经了解到的情况。随后双方谈判破裂，罗孚宣布破产。上汽避免了由于收购可能造成的巨额损失和难以摆脱的人事负担。

总之，中国企业要加强风险评估。中小企业如果担心风险评估的成本高，那么一个办法是可以把安全防护方面的费用计入项目成本，建立安全成本核算制度，做到境外安全管理和业务发展同步规划、同步实施。特别是在一些安全风险比较大的地区开展业务时，应当请国际上的一些专业安全咨询机构提供评估和专业的咨询服务。

2．投保实现风险转移

政治风险通常损失巨大，甚至威胁生命。因此对外投资的各主要经济体都设立了政策性保险公司，通过与投保企业的委托关系形成代位求偿机制，为跨国经营企业提供风险转移的途径。中国企业在从事跨国经营时因为对风险程度认识还不足，缺乏保险意识。这使得许多企业在跨国经营风险前显得很脆弱，尤其是那些中小企业。因为它们的资本规模小，抗风险能力不强，如果缺乏保障，一旦遭遇国际经营损失，就会造成对企业的致命打击。

据统计，全球贸易额的12% 至15% 都是在出口信用保险的支持下实现的。发达国家的出口信用保险涵盖率在20%到30%之间或者更高，如法国出口企业的37%都投保了出口信用保险。但是在中国，2002年出口信用保险支持的出口额仅为27.5亿美元，占一般贸易出口额的比重不到2%；到2003年，支持的出口额跃升为57亿美元，占一般贸易出口额的比重超过3%；2004年支持的出口额超过130亿美元，占一般贸易出口额的比重刚刚突破5%。

也就是说，目前中国九成以上的出口均是在没有出口信用保险支持和保障的情况下进行的。目前中国出口信用保险的覆盖水平不仅远远低于世界通常水平，而且与目前中国对外贸易和经济合作规模持续增长的现状极不相称，不仅严重制约了中国产品在全球的行销和中国资本在全球的扩张，也造成了中国企业的海外坏账率一直居高不下。

中国出口信用保险承保比重低及企业巨额海外坏账与中国对外贸易和经济合作规模之所以形成如此鲜明的反差，其原因有二：首先是出口信用保险这一概念还未得到企业的充分认识与重视；其次是很多企业对出口信用保险的认识还集中在对保费的片面理解上，多数企业都认为参保会使企业的经营成本增加，徒增负担。投保不仅不会增加企业的负担，而且还可以给企业带来新的融资机会。实际上，经过合理测算，投保出口信用保险的企业支出少额的保费，出险后就可减少90%的损失，同时还可以新增80%的现金流。

（二）投资中的分散策略

1. 本土化策略

本土化战略是一种积极性的防范风险的策略。本土化既能帮助跨国企业减少被视为外来人排斥的风险，降低政治敏感度；又能与当地社会建立互利共赢的有机联络。

一方面，本土化战略的最大好处是大大降低了进入东道国市场的门槛和政治风险，而且有可能享受该国国民待遇，免受非关税贸易制裁，还可以较快地融入当地社会文化，有利于树立企业良好形象，降低政治敏感度。中国企业在海外经营时应尽力迎合当地的需要，融入当地社会，给人以当地企业的印象而不是让人脑海里一直刻有外来人的概念。投资法国就要办成法国企业，投资美国就要办成美国企业，而不是总给人以不与当地社会交流的中国企业的印象。西方人远没宽容到接受中国产品占领其市场的地步，他们对中国工业品从不屑一顾到有限接受、到比较宽容地开放市场，经历了十几年时间。如今中国工业品质量迅速提高、竞争力日益增强，于是西方人又开始举起了反倾销的大旗，阻挠中国产品输入本国。所以，中国企业还是要保持低调，淡化中国色彩，以本土化经营为自己的基本战略。

另一方面，企业应坚持以互利共赢为指导思想进行本土化经营。只有以双赢、多赢为基础，才能被当地社会接纳，才能减少阻力、站稳脚跟。如果只求自己单方面的受益，跨国企业是不可能长久获利，也不可能保证自己的安全，迟早会引起当地社会的排斥或攻击。中国万向集团公司的经验是一个很好的例子。他们在总结自己跨国并购的经验时正确地指出，单纯追求利润最大化是一个公司的战略错误，在跨国并购中需要坚持四个有利于的原则：有利于员工，有利于当地政府，有利于股东，有利于社会。并购表面上是人失我得，但是，两者之间却是合作行为，任何一次并购都是利益的再分配，没有统一的目标、没有和谐的团队、不让另一方获益，并购是不能进行下去的。所以，跨国经营企业取得成功的基础是以双赢为原则，不能以捞一票就溜的心理做出短期经营行为，也不能一门心思只算计自己的利益，单一追求利润最大化。如果是那样，在任何地方都是令当地人反感的。外资企业在中国如果是完全自私自利的，也会受到社会的排斥。二者的道理是一样的。以中国人熟悉的群众路线理论作比喻，那么跨国经营的关键也是在海外实践群众路线，与当地人打成一片，只有如此才会有如鱼得水的感觉。而这种海外的群众路线式经营，就是我们所谓的本土化战略。从走出去的角度讲，中国的企业要取得成功，还必须继续推进下一步：不是走出去就了事，还要"走进去"、"走上去"。后两步就是本土化战略的具体实施。中国企业在走出去后，尤其是跨国并购后，要迅速实施本土化战略，努力实现"走进去"，扎根当地，取得当地社会的信任和承认；并且最终要追求"走上去"，融入东道国的上流社会和主流市场。

本土化经营要求企业具体做到以下几个方面：

第一是生产制造本土化。虽然企业国际化的初期阶段，可以采用出口方式进入国际市场。但随着销售规模的扩大，及出于降低成本、绕开贸易壁垒等方面的考虑，企业可逐步对外投资，实行生产制造的本土化。这样一方面占领当地市场，另一方面获取降低生产经营成本、原产地生产及避税方面的优势。

第二是经营管理本土化。生产的本土化也要求经营管理的本土化。只有实现经营管理的本土化，才能想当地市场之所想，急当地消费者之所急；只有真正贴近当地市场，才能因地制宜地制定适合与当地其他企业竞争的战略部署。万向集团在美国的销售中心就充分做到了经营管理本土化，该中心除了一名董事长是中国人以外，其余人员全是在美国相关企业有过多年工作经验的美国人，企业的运营方式完全采用美国同行业的通行做法，因此万向集团才能在经营管理上胜人一筹。

第三是品牌形象本土化。品牌本土化是企业及其商品能否被消费者认同的关键。国外企业的一些做法值得中国企业借鉴。例如，Sprite原是可口可乐公司的一个品牌，如果直译成中文就是魔鬼、小妖精，显然不能给消费者留下良好的印象。而本土化后的品牌"雪碧"意为纯洁、清凉，再加上家喻户晓的中国体育明星的广告推广，市场的反应自然是十分热烈。

第四是研发本土化。实施研发本土化不仅可以实现产、销、研一体化，使产品更加贴近市场，而且有利于利用当地科技人才，占领技术高端。根据美国商务部报告，截至1999年底，共有375家跨国企业在美国建立了715家研发机构，可见研发本土化是大势所趋。

第五是资金本土化。在投资海外市场的同时，中国企业积极争取在海外上市，募集当地资金。一方面可以解决中国企业资金不足的问题，另一方面也使中国企业更容易得到当地消费者的认同和关注。

第六是人才本土化。人才本土化是一切本土化的核心。所有的本土化最终都需要本地人才来实施。截至1998年底，全球跨国公司海外雇员约有3500万人。大量资料表明，跨国公司外派人员的失败率很高，美国外派人员中提前回国的比率大致在10%～80%之间，而且派遣母国人员的成本太高，往往与当地雇员、群体(政府、供应商、顾客)存在沟通上的障碍。中国的外派人员往往缺乏英语和法律方面的知识，被派到海外后通常是第一年学英语，第二年学专业，第三年工作刚上手，就要准备回国了。因此，实施人才本土化要放在中国企业本土化的最重要一环来执行。

2．多元化策略

多元化是风险防范的重要策略之一，在具体实施上包括投资地区、主体、融资、营销等不同形式的多元化。

首先，投资的产权形式应以合资为主。在公司组成上，中国企业不适宜采取在海外设立全资子公司的方式，甚至不能认为股权比例越高越好，特别是对于政治动荡、民族主义斗争尖锐的国家，应当采取合资方式来分散风险。鉴于中国从事跨国经营的企业大都缺乏较成熟的国际市场运作经营经验、资金、技术及对东道国的深层次了解，如果能借助已有的国际产业分工和协作网络，将大大减少经营活动的摩擦和成本。所以，中国企业走出去的方式宜先采取合资、国际许可证、国际授权等战略联盟方式，通过共同分享信息和其他要素资源，实现资源互补、风险共担、利益共享，与东道国企业形成共生共荣的局面。这样可以达到最大限度地减少和化解企业以及个人安全的风险因素。当然在投资的产权结构形式上，应当具体根据地区与行业来确定。如果投资目标国是美国、加拿大、欧盟等发达国家，可以基于股权、债权、服务合同等一般性考虑；如果投资目标是法治欠缺的发展中国家，以股权形式投资会增加财产被当地合法侵蚀的风险。就投资的行业而言，制造业和服务业的海外扩张，为了保证制造品质量和品牌价值，对海外企业进行内部控制是有必要的；而资源性企业的产出并不是与大众市场打交道的消费品，持股反而增加企业的海外产权风险，不妨以保证资源供给为首要目标，采取无股权但有长期服务合同的形式。另外，通过购买跨国公司股份的形式介入海外经营也是值得考虑的方式。依照公司法律，美国和欧盟对外国投资者的持股基本没有限制。中国公司可以通过公开购买股份，成为占较大股份的股东进入董事会参与跨国经营。这样，外国公司在第三国获利以后，中国也能够分得一部分，这比自己去直接投资更安全。

其次，实行投资地区与产品的多元化分散。在选择对外投资的地区或国家时，应依据自身的风险承受能力，设置相应的地区/国家的风险组合，在地区/国家多元化的基础上，尽量避免投资于风险程度较高的地区/国家，同时也不应在几个风险高度相关的地区/国家投资。总体上，跨国企业在国家、地区分布上一定要注意克服"鸡蛋放在一个篮子里"的问题，防止出现一旦某个地区爆发政治风险事件就导致企业海外业务全部瘫痪的可能。

对于当前阶段的国际化经营企业而言，行业/产品多元化应立足于相关式多元，即行业/产品间虽然有分类和多元，但行业/产品间要具备相关、协同性，要有逻辑关系，能互相支持，形成合力。例如，实施基于产业链的相关多元化，或者同属某个产品大类的相关多元化，在多个国家分别设置投资项目，会促进主业的深度经营，而不致使企业进入不熟悉的业务领域，导致风险水平提高。地区/国别多元化和行业/产品多元化可以结合实施。例如，根据本公司的发展战略、各国的市场需求特点和资源丰裕度，将产品生产线分别设置在不同的国家，取得成本、风险与市场多目标间的平衡。

再次，寻求融资的多元化，包括融资方式的多元化和融资来源地的多元化。除自有资本外，国际化经营企业还可以利用银行贷款、发行股票、债券等多种融资方式。选择融资方式时，既要考虑融资成本，还要考虑融资方式对企业现金流的约束，避免在现金流不稳定时陷入财务困境。实施融资来源地的多元化有利于抵御政治风险，具体方法包括与当地公司成立合资企业，争取多边机构参与项目，确保项目的"辛迪加贷款者"来自更多的国家（包括东道国银行）。实施融资来源地多元化的目的是利用其他合作方来制衡不利的东道国政治势力，这种方式又称为软性政治风险保险。

3. 联合化策略

联合化是指联合欧美企业、借助中国港澳台企业进行海外投资，开展广泛合作，发挥这些企业的优势，以较为成熟的市场经验和金融工具规避风险，也可以通过投资合作，采取收益共享、风险共担的模式拓展海外市场。

发达经济体和港澳台跨国公司具有较为丰富的跨国经营经验，在使用金融工具，对冲和分散风险冲击方面可能更为熟悉。中国内地企业通过与其合作，可以有效提升风险防范和承受能力。中资企业与境外跨国公司以股权合资、合作经营等模式开展合作，可以充分发挥各自优势，提高风险识别和应对的效率，也有助于提高企业的国际形象，增加市场拓展的效率。

发达经济体的人力资源优势一般较为明显，企业在语言、文化、法律、国际商务人才的使用上更为容易，有利于提高中国企业开拓国际市场的效率。而国际化的人才保障也能够减少跨文化冲突，提高中国企业跨国经营发展的效率。

（三）风险发生后的补救策略

风险发生后，企业需要按照风险处理的流程和制度，积极应对和补救，尽可能把风险的冲击和损失降到最低水平。

1. 申请母国政府救助的保护策略

企业在海外开展跨国经营活动，仍会受到母国政府的保护。中国商务部对企业开展跨国经营后向东道国的经商机构进行报道有一定的规范性要求，不仅有助于主管部门更好地了解和把握企业开展跨国经营的情况，也有利于在出现风险冲击时有效应对。

当企业在境外遭遇因为东道国政府的不公做法等因素带来的风险时，应向中国政府驻当地的使领馆和经商机构进行报告，及时反映相关情况，听取意见，并在可能情况下申请母国政府的协助。在出现侵犯中国公民人身安全和自由等基本权利的情况时，可以申请领事救援与保护。如果风险和冲突主要由市场行为产生，可能更多的是在协商未果的情况下，根据商业合同的约定由具有管辖权的机构进行裁决。

2. 加强对东道国的公关沟通策略

中国企业领导不仅应当学会做企业家，还应当学会当外交家、政治家。在复杂的国际市场经营环境中，跨国企业面临着协调跟当地国政府和舆论关系的难题。企业应当积极作为，广交朋友，与媒体保持联络，建立与国外政府沟通的渠道。

在海外的政治公关上，中国企业需要注意加强对几个重要的政治力量的公关：第一是东道国的政府，第二是东道国的议会与在野党派，第三是东道国的媒体。海外企业搞好与当地政府、议会、在野党以及新闻媒介的关系颇为重要，因为这些力量主导着当地针对外来企业的政治环境，通过与这些力量建立良好的关系，能够有效地帮助中国企业进行风险的抑制与预防。

至于与当地政府部门的公关，中国企业基本上是熟悉和重视的。因为国内的政治文化已经让中国企业形成了政府中心的习惯思维，这种思维使中国企业比较适应对海外政府加强公关的要求。例如，一些聪明的中国企业经常向有关政府部门汇报公司的经营状况，尊重这些部门的意见，积极为政府的公益活动出力，赢得了当地部门的认可。

为了防止由于东道国政变导致国有化或工会在政府的支持下罢工等严重损害投资企业正当利益的情况发生，中国企业在海外投资过程中应有意识地扩大与东道国政府和企业的合作，将海外利益的安危同东道国经济的安危紧密联系起来，从而减少国有化和恐怖袭击的风险。具体来说，可以多雇佣一些当地人员参与企业的管理；选择与东道国进行股权合资，这样可以大大降低进入东道国市场的门槛和政治风险，而且有可能享受该国国民待遇，免受非关税贸易制裁，还可以利用所在国的人员、信息、社会文化和人脉关系等优势，较快地融入当地社会文化中，进一步获得东道国政府和企业的信任，有利于当地市场的开拓；积极参与当地的经济建设。在争取东道国政府支持上，西方企业公关的技巧是需要中国企业好好学习的。

1998 年中国政府的传销禁令，使直销为企业主营模式的美国安利受到严重的打击，每月的亏损额惊人。在这种情况下，安利高层迅速启动政府公关以挽救企业危机。在安利公司游说安排下，美国贸易谈判代表巴尔舍夫斯基借约见国务委员吴仪的机会，提出三家美资直销公司在中国的出路问题。同时，安利借克林顿即将访华的机会，再次就直销转型问题与中国相关部门进行磋商。

在安利的努力下，中国相关政府部门迅速成立了专项小组，协助安利等外资直销公司进行转型。不久，安利（中国）以"店铺销售加雇佣推销员"的方式完成转型经营，出色的政府公关使安利在中国化解了一场灭顶之灾。

与安利一样，摩托罗拉自进入中国以来，最重要的企业战略之一就是构筑良好的政府关系。手机巨头摩托罗拉公布的发展计划核心内容就是双赢、扎根中国和做社会好公民——所有战略的每一项都休现了摩托罗拉对中国市场的长期承诺以及希望与中国政府建立稳定良好互动关系的意愿。同时，摩托罗拉积极游说美国国会给予中国经济最惠国待遇。通过此项行动，摩托罗拉向中国政府表达了彼此利益相通的意愿。

1999 年11 月，美国众议院刚刚通过对华永久性正常贸易关系地位3 天后，摩托罗拉首席执行官高尔文就来到中国，郑重地向中国政府承诺：中国加入WTO 后，摩托罗拉公司不仅将继续在中国做投资商，而且要加大在中国的投资力度，把高新技术带入中国。

成功的政府公关，让美国跨国企业在中国获得了很大利润。现在中国企业走出国门，为什么不能从他们身上学到经验？对于一个想进入美国市场的中国企业，必须聘请战略顾问，以便在政府关系以及相关问题上得到咨询。而且，中国公司应该清楚地向政府公关顾问说明在美国的意图和目标。一旦公司和顾问确认了这些目标，就可以制定一项战略，帮助刚刚进入美国的中国公司实现软着陆。

不过，在执政党和行政机关之外，中国企业的政治公关能力呈现出经验不足、意识落后等问题。中国企业经营者不太熟悉两党制等的政府体制，也不熟悉三权分立、议会干政的权力运作模式。中国一党执政的框架使得中国企业在海外经常容易忽视对议会议员以及在野党的公关，习惯性地把所有注意力放在执政党和行政当局上。事实上，在多党竞选和三权分立的体制下，在野党与执政党会周期性地发生角色互换，中国企业如果过于明显地偏向一方，那么在政权发生轮换后必然会陷入困境。因此，中国企业应当学会在政治上的平衡术，广交朋友，不要在一家门前坐死。一般地，当东道国国内存在两股势均力敌的政治力量时，中国企业应结合具体情形，采取"两头下注"的策略，避免由于与其中一股力量靠得太近而被另一方视为敌对力量。但企业行事时也不能走向另一个极端，变成与所有的政治力量都生疏不亲，造成各方都不愿为中国企业声援的最坏结果。企业一定要谨慎从事，防止双方对企业的动机和立场产生怀疑。

事实上，西方式议会对中国企业近年来在西方国家遭遇风险具有不可忽视的推动作用。由于选票的驱使和三权分立结构的普遍设置，议会往往是反对政府当前政策的制度性基础，少数议员在议会中搅动起对中国企业非常不利的政治议题，将中国企业陷入很大的媒体压力中。中国政府一般只能为企业提供一个良好的政府间外交关系环境，但是议会不需要遵守国家间外交协议，议员们会根据自己的选票需要，主动地迎合一些局部民众或势力的呼声，对中国企业采取不友好的态度。西方企业也屡屡使用借助议会议员大声疾呼的干扰战术，对中国企业施加"倾销""垄断"或"威胁国家安全"等罪名，破坏中国企业的顺利发展。所以，中国企业应当重视对议会议员的游说工作。

最后，对媒体的争取是跨国企业的一项战略任务。舆论是争取公众支持的重要途径，因为公众会被媒体信息引导。中国企业作为陌生的闯入者，不被当地公众所熟知，在当地媒体上严重缺乏曝光率。遇到危机时，中国企业的竞争对手或敌对势力往往得以控制辩论和媒体报道。此时，中国的企业不应对媒体沉默，因为按照西方的思维习惯，对媒体的沉默被视为不屑和傲慢，会加深公众对中国企业的不信任感。因此，国际化企业必须善于利用当地的大众传媒，形成有利的舆论氛围，消除可能的危机。

3．运用法律手段的诉讼策略

企业应有效运用法律工具保护自身利益。当跨国经营活动行为被非法侵犯时，企业除了可以根据双方合同，提请仲裁或法律诉讼外，还可以寻求包括国际协定和投资者—东道国争端解决机制等方式寻求保护。在多数情况下，争端解决由东道国的国内法律所管辖，企业需要了解仲裁、诉讼等解决问题的权限和时间流程等差异。

在使用法律工具保护自身利益时，企业需要对东道国的法律予以充分的了解。除了加强自身的法律应对能力外，在很多情况下应使用当地的法律服务，聘请当地律师争取在法律诉讼过程中获得优势，减少企业的损失。具有一定规模和实力的企业在开展跨国经营时，可考虑聘请常年的法律顾问。在合同审核、与当地政府和企业打交道的过程中应听取法律顾问意见，以便在出现争端和风险时更为有利。

4．迫不得已的市场退出策略

在发生不可逆转且损失巨大的风险时，企业采取各种措施可能都无法达到有效消除风险冲击的情况下，应果断选择退出策略，以避免跨国经营活动对企业全球整体利益的长期、剧烈的冲击和损害。

市场退出也应是有序的，企业应保护核心的信息，尽可能在退出时争取利益补偿，减少损失。在投资合作的模式下，企业的退出可以选择将股份转给合作方，获得相应的补偿。在独资发展时，企业的存货、固定资产设备也可以通过拍卖或与产业链上下游的合作者进行利益交换而获得部分价值。在处理方式上，企业既可以自主处理，也可以聘用专业人员或公司协助处理，以提高效率、避免因时间限制而损失较大利益。

退出策略并不意味着放弃该地区和市场，有时也是一种迂回战术，在时机成熟的时期还可以再进入该市场。

第二节　人身安全风险的管控

人身安全风险是特殊风险，因为风险的对象是人而不是物。尽管这也是可以用工具理性管理的风险，但是毕竟生命无法像经济资产一样可替代。因此企业在处理人身安全风险的问题上，除了从成本角度重视以外，更应当牢固树立以人为本、人民群众的生命财产安全高于一切的观念，按照预防为主、防范处置并重的要求高度认真地进行风险管理。对于这一事关个人生命、家庭幸福、社会和谐、国家尊严的风险，不能与普通的财产损失风险等同视之。中国政府对这一近年来发生频率越来越高的恶性风险予以了高度重视，已经着力进行了各种防范、处理这种风险的活动和制度建设。但最重要的是，境外企业和商务人员自身必须深刻意识到"安全高于一切"，应当强化安全观念，有大局意识和责任意识，在政府的指导下与政府通力合作，处理好境外人员和机构安全的问题。最终应努力建成政府、企业与个人相结合的多层次的涉外安全综合保障体系。

企业应充分认识人身安全风险对企业的影响，从制度上和实践上综合发挥各方作用，增强风险处置的效率，降低风险冲击。

一、建立健全的境外安全管理制度

企业需要建立健全的境外风险管理制度，对于可能出现的各类风险进行有效管理和应对。其中人身风险是非常重大的风险内容。

对企业而言，人身安全风险不仅是对中国雇员人身安全的冲击，也涉及企业海外雇员的人身安全。对于需要不断扩展海外网络布局的企业而言，需要对其雇员提供更为充分和全面的安全保障。在制度上，境外安全管理需要明确如何界定、识别和预警风险；对于存在不同安全风险等级的地区，应合理安排企业的经营活动和对人员的保护，采取措施减少风险敞口，提高风险的应对能力。制度的保障不仅为企业风险的防范和处置提供具体指导，也能够通过责任分配明确各方在风险处理中的分工和配合方式。

二、建立境外安全突发事件应急处置机制

对于可能出现的突发人身风险，企业需要有境外安全突发事件应急处理机制。该项机制除了能够充分调动企业自身的资源外，也应该与母国、东道国政府、相关各方有效沟通，寻求帮助和支持。

应急处理机制不仅是制度上的安排，也需要有实际的可操作性。企业在境外机构的雇员，应对机制的安排和具体操作较为熟悉，在可能情况下应该以演习等方式加以训练，以便风险出现后能够真正用得上，能够降低风险对企业和雇员的冲击。

三、使用专业安保服务

提供安保服务的专业化公司对不同地区可能出现的人身风险更为熟悉。对于企业在海外的重要人员，以及在风险较高地区开展业务的人员，可以聘用保镖等提供临时性的服务，企业在海外的营地也可以聘用安保人员保障员工的安全。在风险较

为突出的区域，企业可以选择使用一些具备较强专业处理能力的安保服务，同时考虑由当地的安保力量提供保障。

安保服务除了涉及公司的保障力量外，对其专业性、人员素养也有较高的要求。在选择安保服务时应充分考察相关机构的资质，从其已有的案例中了解其实际的能力，并探讨在企业业务模式下的最优保障方案。在确定企业的风险管理流程时吸收专业安保的意见，使得专业的安保服务能够发挥最大的效用。

四、处理好与东道国各方面的关系

西方跨国公司以往习惯于在所在国强势运作，干预当地的政治运作，很容易导致当地社会的憎恨而引祸上身，受到恐怖袭击等人身安全风险。例如，美国电报电话公司多年前曾配合中央情报局颠覆智利阿连德政府，也许这是个极端性事件，因为企业以暴力形式与国家政权直接对抗的事例比较罕见，但它毕竟已成为跨国公司的一项不光彩的历史记录。现今的跨国公司，在追求利润最大化这个唯一原则的制约下，大都不会采用这种直接对主权国家事务进行干预的做法，而将刚性干预调整为软性干预，如进入或退出某国市场、开放或封锁某项技术、提供或撤销某笔贷款、援助或反对某些项目。在这方面，跨国公司的巨头们可谓深谙此道。他们非常精于"用脚投票"，完全知道怎样把经济压力变成对主权国家的政治压力，迫使其改变现行政策。要么就用技术垄断确立自己的帝国式影响，结果同样会对它国安全产生微妙影响，等等。在这方面走得最远的，当属乔治·索罗斯旗下的基金会对东道国反政府组织和媒体提供的资金支持。这些表面上属于经济行为的做法，最终无不对东道国的国家安全构成杀伤力。

中国跨国企业应当吸取西方跨国公司以往这种强势运作招来安全风险的教训，坚持对当地政府和社会的尊重，通过互利共赢的方式融入当地，与所在国各方面建立良好的合作关系。

与驻在国政府、官员建立良好联系。通过企业项目组首先与当地政府、警察建立良好的联系，取得当地政府的支持与合作，尤其是与当地安保部门进行密切联系。

与驻在国合作伙伴建立良好的关系。与合作伙伴建立良好的合作关系，不仅有利于工作的顺利实施，而且在突发事件发生时，有助于危机的化解。

与当地雇员建立良好的关系。与当地雇员合作中应注意方式方法，尽量避免引起不必要的纠纷，造成不良影响和后果。

与驻在国公民建立良好的关系。尊重当地风俗习惯，尊重当地政府规定，尊重当地宗教信仰，与当地居民友好相处。比如在伊斯兰国家不饮酒，不买卖酒，斋日期间不在公共场合抽烟或吃东西。本来不同国家的人接触，先天就信息不对称，容易产生隔阂和误会。中国公民前往宗教极端势力较为活跃的地方时，言行方面都要照顾到当地的宗教习惯，不要引起不必要的麻烦。

另外，应当促使在同一项目上一起工作的中国劳务人员之间也建立良好关系，团结互助、互助互爱，遇有危机事件发生时，共同努力排解。

第三节　跨国经营其他风险管控

跨国经营风险种类丰富。对于风险的管控需要坚持和完善规范的流程。对风险的有效管控需要准确的甄别、高效的处置、合理的隔离，并在需要的情况下采取自担风险和商业保险等方式对风险进行管控。

一、法律风险管控

法律风险也是企业在跨国经营发展中需要特别重视的问题。企业不仅应具备强烈的合规意识，具有足够的法律知识和能力，还需要在遇到法律诉讼时进行充分有效的处理和应对。

（一）增强海外合规经营意识，做足尽职调查

合规经营是降低风险的重要前提，在开展跨国经营的企业中，增强合规意识尤为重要。企业不能简单依据在国内发展经验或其他地区开展国际化的经验，而需要有针对性地考虑特定地区的发展要求和特点。

合规经营要求企业遵循东道国的法律法规要求，充分掌握国际标准与规则，在自身经营活动的操作中提高合规意识，减少风险暴露。在开展对外工程承包等活动中，国际组织对企业行为有相对规范的要求，一些专业领域的跨国投资活动也有较

为成熟的做法和标准，能够为企业提供行动上的重要参考和依据。

开展跨国经营的企业，应聘用专业服务机构，对可能的投资标的和地区做足尽职调查，摸清具体情况和潜在风险，并提出法律意见，以免在投资活动的中后期出现不了解相关信息而产生的潜在风险。

（二）重视购买法律服务，完善法律顾问和监督机制

由于在经费投入上的不足，中国企业的法务部门目前还不能提供像欧美发达国家的企业法务部门那样的优质法律服务。这导致国内很多企业在处理法律事务时往往通过两种方式：一是借用外部力量——律师事务所，二是靠自身企业员工或部门解决。第二种方式又分两种情况：一是成立专门的法务部门，二是由相关业务人员兼顾法律事务。

在跨国企业业务中，很多涉及合同管理。业务人员在慢慢积累之后，相应的法律知识也会增加一些。但对整个企业来说，如果有经验的人走了，很多业务有可能需要从头再来，不仅是经济利益（客户资源），包括法律风险防范在内的整套机制都不复存在。这对企业来说，本身就是一个风险。

国内企业法律部门目前的定位很尴尬，即使在一些大型企业，专职的法律部门也很难介入公司的日常业务管理，无法预测法务部门的下一步工作计划。只有在发生纠纷时，企业管理部门才想到法务部门，法务部门在企业中更多扮演的是"消防员"角色。没有有效的预防途径，所以法务部门的作用大多只能体现在个案中，并且容易与业务部门发生冲突。业务部门出于考核压力，考虑的是业绩完成，法务部门更多从企业风险控制角度考虑，业务部门可能认为这是多此一举，因此法务部门常被业务部门认为是工作的绊脚石。

从企业管理层角度来说，因为其本身定位与业务部门的关联性，往往认为法务部门除了在打官司方面能挽回公司的一些损失外，在公司经营目标的实现上作用不大，慢慢对法务部门的存在价值产生了怀疑，因此法务部门的地位被不断边缘化。这一现状，造成国内多数企业目前的管理模式无法做到对法律风险的有效控制。

为了克服这一缺陷，中国跨国企业应从制度上加强法律部门的顾问和监督权力：

（1）推进法律顾问制度是防范法律风险的基本保障，中国企业应当在组织结构上强化法律部门的地位和职能。企业应完善企业法律顾问制度，形成企业法律总顾问、企业法律顾问、合同管理员、合同承办员队伍；海外项目应当外聘当地律师作

为法律顾问。法律总顾问是西方跨国公司普遍设立的职位，享有很高的地位，负责制订法律风险管理战略的具体实施计划，并全面指导协调法律风险防范部门与有关业务部门在工作中的分工和配合。中国大型的跨国企业应当朝向建立以总顾问为首的法律顾问制度发展。同时，在中国企业国内的风险管理部门中，应将法律事务部作为重要部门来建设。对于海外子公司，母公司的法务部可以派遣顾问。

（2）企业应建立法律事务部门与各业务部门的联动机制，使法律风险防范成为企业内控体系的重要组成部分。从法务角度说，企业法务部门应该起协调的作用，整个公司作为一个主体，对法律风险承担责任。责任明确，而且与业务部门结合紧密，使法律部门能对企业发展发挥更大作用。在这种体系下，法律风险管理就如同企业财务管理一样。众所周知，每个公司的管理层对公司财务质量都非常关注，每个季度、每个月的财务指标他们都会过问。如果企业法律部门能够形成一套法律风险管理体系，就可以让企业高层像关注公司财务一样关注公司的法律风险。

在组织建设之外，企业要进一步规范法律事务工作程序和流程，使其逐步正规化运转。企业应切实使法律顾问和法律部门参与到决策过程中，健全企业内部的法律监督机制，做到对法律风险从源头上的防范。

首先，企业要实施经营决策法律论证制度，将经营管理行为纳入法律风险控制体系进行管理；企业重大经营活动，应当事前经过企业法律顾问专门论证，并由法律顾问书面提出法律建议和意见；在企业管理人员中形成较大的经济活动要咨询法律顾问意见的习惯。其次，企业法律部门要紧紧围绕企业生产经营、改革发展的中心任务，定期深入分析企业面临的法律风险源，对法律风险和法律风险管理措施的优先顺序进行评估。再次，可以尝试实施企业重大决策中法律部门"一票否决权"制。最后，使法律部门享有对企业内部信息的无限知情权等。

（三）积极进行法律应诉

在遭遇风险时，企业应充分用好法律工具，争取对企业利益的保护。如果企业在跨国经营活动中遭受来自东道国政府、合作伙伴或竞争者的法律诉讼，应该积极使用法律工具保护自身利益。不能因为害怕打官司而吃哑巴亏。

一般而言，法律体系更注重证据和程序。在经营活动中，企业应留好各种交易或合作的证据，赢得法律诉讼的优势。在程序上，企业不能因为害怕卷入纠纷就不去应诉或采取各种方式欺骗、隐瞒自身的行为，此类做法可能会给企业带来巨大的不确定风险。即便企业并未在实际上违法，或者在冲突中企业有权保护自身的利益，如果法庭认为企业存在有意的欺骗行为，也可能给企业带来不利的影响，使企业在法律上处于不利位置。

二、金融风险管控

随着中国企业的逐步国际化，企业所面临的金融风险也越来越具有国际化的特征，进行有效的金融风险管理显得尤为重要。中国企业面临的问题是如何在国际化的背景下提升金融风险的管理能力，从而为有效地防止金融风险提供借鉴。针对金融风险的管理策略，本质上不是追求利润极大化，而是追求风险最低化，或成本最低化的防御性的活动。换句话说，金融风险管理策略不是积极利用汇率浮动以追求利润为目的的，而是在汇率浮动的情况下，以保护企业在正常的跨国经营活动中赚取的利润为宗旨。但总的看来，中国企业还不善于采取适当措施对金融风险进行管理。现实情况是，尽管面临金融风险，许多企业都不熟谙分散对策，金融风险管理技法也不够多样化。与此同时，具备管理金融风险专门知识的业务人员明显不足，获取相关风险情报比较困难。另外，缺少制度上和政策上的有效支持也是中国企业不能有效地进行金融风险防范的重要原因。所以，为了改善中国企业金融风险管理的状况，必须同时解决企业内部与国家政策、制度上存在的问题。我们在这里共提出了四种风险管理的策略。

（一）风险转移策略

风险转移策略是指企业以一定的低成本通过将风险转嫁给愿意承担风险的单位或个体来实现风险规避。最为常见的方法是在签订合同的时候选择有利的计价货币，以本币结算或出口合同使用硬货币计值、进口合同使用软货币结算；采取一篮子货币保值，使各种货币软硬搭配，以保持货币篮的大体稳定；使用调整价格法，出口商在接受软货币计价时，将汇价损失计入出口商品价格中（即加价保值），进口商在接受硬货币时，将汇价损失从进口商品价格中剔除（即压价保值）。此外，风险转移也可以采取购买保险的方式来实现，如中国出口信用保险公司向国内企业提供有关对外投资的保险业务，"多边投资担保机构"也为成员国企业的跨国投资提供担保。其中，货币汇兑风险就是其担保风险中的主要险种之一。除此之外，对于金融类投资，投资企业还可以通过远期或掉期交易以及通过购买期权的方式转移风险。

（二）风险分散策略

金融风险的分散策略主要包括经营地域分散化、投资结构多元化等策略。

1．经营地域的多元化

在国际经营中，要避免使企业的海外商务活动过分集中于某一国家或地区，而要使经营活动不断向其他国家或地区拓展，使海外生产点的产销活动尽量本土化等。经营地域的多元化会缩小汇率风险给公司总体造成的影响。当一国货币对另一种货币升值时，该国货币可能对第三国货币贬值，即对一国产生的外汇损失可能由另一国产生的外汇收益所抵消。通过产品经营地域的多元化，只要各市场的汇率不总沿着一个方向变化，公司就可以获得相对稳定的现金流。同时，对于在世界范围内拥有众多生产基地的大型跨国公司，通过生产的全球布局，调整在不同生产基地的产量份额，在降低经济风险的同时还可以实现经济利润的改善。

2．投融资结构的多元化

包括积极开展国际证券的融投资，保持资金的来源及其投放在币种、期限上相互匹配并形成合理的结构等。比如在外币借款方面，企业该应对每笔外币长期借款的币种和额度进行仔细分析，并尽可能使外币长期借款的币种多样化，从而减少外币升值所带来的外币借款的汇率风险损失。

（三）风险吸收策略

风险吸收指企业通过金融风险的内部控制，最大限度地化解其国际化过程中遭遇的金融风险，以最小成本维持最低的金融风险。企业的国际化是在其全球战略的指导下进行的，这使其外汇交易风险管理具有特殊性。首先，外汇交易风险管理作为企业经营管理的一部分，被纳入一个更大的多目标管理体系。它与跨国经营企业的全球战略紧密结合在一起，服从跨国经营企业整体战略的需要，而不再是一种单一的管理活动。其次，由于跨国经营企业内部专业分工和协作关系的不断深化，同时存在着内部交易和外部交易。因此除一般企业的外汇交易风险管理手段外，又出现了许多一般企业没有的新的控制外汇风险的方法，如净额结算、配对管理和提前或延期结汇等。

1．净额结算

净额结算主要指跨国经营企业在清偿内部贸易所产生的债权债务关系时仅对内

部应收款和应付款相抵后的净额进行支付，以此来减少暴露性的现金流动。净额结算不局限于两个子公司，这种净额安排还可以由许多子公司在跨国企业总公司的财务部门的组织协调下进行多边净额结算。这种安排加强了跨国经营企业对其内部资金往来的集中控制，大大节约了兑换和交易的成本。需要指出的是，对于跨国经营企业以外的企业进行交易所产生的净额并不适用。还有就是在采用净额结算策略前应认真分析有关国家的外汇管制规定是否对跨国经营企业的双边或多边冲抵安排加以限制。

2．配对策略

配对策略主要指企业可以不把出口货款及其他外汇收入兑成本币，而把它们存于外汇账户中作为进口货款等支出之用，进而达到避险目的。配对管理作为一种外币流入与外币流出在币种、数额和时间上相互平衡的机制，既可以运用于跨国经营企业的内部资金往来，也适用于公司与第三方的交易结算。配对管理大大减小了在外汇市场上买卖外汇的必要性，在节约费用的同时又避免了外汇交易风险，使得支付更加简单化。但在使用时，仍需注意实施外汇管制国家对这种管理方式上的限制。

3．提前或推迟结汇

在进出口贸易中，如果预测计价货币将贬值，进口商应推迟向国外购货或要求延期付款以达到推迟支付货款的目的，可以用较少的本国货币兑换该计价货币；而出口商应尽早签订出口合同或以优惠条件使进口商提前付款，以减少计价货币贬值造成的损失。反之，如果预测计价货币升值，进口商应提前购买或预付货款，以避免将来计价货币升值后，需用较多的本国货币购买该计价货币；而出口商应推迟交货，或采取延期收款的方式，以期获取该计价货币汇率上涨的利益。除此以外，可以通过出口保理、买方信贷、福费等方式提前获取外汇资金，锁定收汇金额，规避本币汇率变动风险给企业带来的影响。

（四）风险回避策略

风险回避措施包括：资产负债表避险策略、合约性避险策略和经营性避险策略。

1．资产负债表避险策略

该策略主要指通过调整公司暴露资产和暴露负债的大小来降低风险的方式。由于折算风险的根源在于用同一种外币计量的净资产和净负债不匹配，一般可以采用资产负债表抵补保值的风险管理策略，即调整处于不平衡状态的外币资产与负债，使暴露资产与暴露负债达到均衡。当预期子公司所在国货币相对于母公司所在国货币升值时，应尽可能增加资产和减少负债；反之，应尽可能减少资产和增加负债，应该尽可能减少暴露在外汇风险中的净资产。因此在进行具体措施之前，必须综合考虑采用此法带来的短期的和长期的损益，综合分析交易风险和经济风险的影响再进行决策。

2. 合约性避险策略

该策略主要指公司利用金融市场上的一些金融工具进行保值避险活动，主要包括：以外汇期货交易避险、以远期外汇交易避险、以外汇期权交易避险、以外汇掉期交易避险和货币市场避险。其中，外汇期货交易避险和远期外汇交易避险都是通过锁定购买者在未来某一时点支付的货币价格，使得公司未来的现金流量流入变得更确定，从而达到规避外汇风险的目的。不同的是，外汇期货交易是标准化合约，交割日和每张合同金额都是确定的，而远期合约可以根据公司个体的特殊需要具体订立。事实上远期外汇交易一般适用于大额交易，而期货合同更适合于规避较小金额的风险。使用外汇期货交易避险和远期外汇交易避险能否起到好的作用关键在于现时远期汇率(锁定价格)与未来即期汇率的偏差大小，实际上只要这一差小于现时即期汇率与未来即期汇率的偏差，那么避险就是有效的。外汇期权交易另一大好处在于对表外项目外汇交易风险的规避上，如未来可能发生的外汇购销、长期债务、贷款偿付以及其他一些契约性和预期要发生的外汇收支等，因为只是可能发生，并且发生的时间和金额也不确定，因而此时采用外汇期货交易和远期外汇交易进行避险并不合适，而用外汇期权的话，由于拥有了在一定时间内随时选择是否执行交易的权力，则可以较好地解决这一不确定性问题。外汇掉期交易又称为时间套汇，是在买进即期的甲种货币、卖出即期的乙种货币的同时，卖出远期的甲种货币、买回远期的乙种货币。掉期交易一般是在两个当事人之间同时成交两笔相反方向的交易，如一方是买近卖远，则另一方就是卖近买远。这种方式的作用是为了解决不同货币的货币需求，在把一种货币换成另一种货币进行投资时，也可避免汇率风险，显然此种方式要求有对称的交易方，且时间必须明确。货币市场避险是指用货币市场上头寸来抵补未来应付账款和应收账款的头寸。也就是通过在未来应付账款或应收账款国进行借款与投资来规避风险，因为根据利率平价理论，远期汇率的变化会体现在两种货币所在国的利率差异上。但是不难发现，这种方法需要进行具体的投资和借款，并且直接参与了对方国家的金融市场，无疑需要考虑投资风险。

3．经营性避险策略

金融风险对于企业长期经营的影响要比对资产负债表和短期交易的影响显著得多。前面两种避险策略较多用于短期规避风险，经营性避险策略主要是针对经济风险，从长期战略的角度来考虑对金融风险的规避和防范。对经济风险的管理目标应定位于以尽可能低的成本将经济风险控制在公司可接受的范围内，提高跨国公司经营成果的稳定性，本质是追求风险的最小化而非利润的最大化。跨国公司经济风险的管理与控制不会是一个短期的战略问题，而是应该立足于公司的长远发展，从生产管理、营销管理及在全球范围内积极推行多元化战略着手。

（1）调整经营战略与营销战略。针对汇率的长期性改变，跨国公司可以采取调整经营战略与营销策略，通过改变产品市场结构等途径来维持其竞争力。汇率变化对市场份额的影响是通过影响成本和价格实现的。在国际市场上，子公司所在地货币贬值，会使子公司产品在国际市场上的价格相对下降，使子公司在定价策略上有较大的灵活性和在出口市场上有较强的竞争实力。例如，出口市场上某种产品的需求缺乏弹性，则子公司可以提高出口产品的价格(以子公司所在地货币计)，直到贬值幅度相等，销售收入的增长(以子公司所在地货币计)可以弥补母公司业务现金流的减少。反之，若该产品在出口市场上需求富有弹性，则可维持原有定价，扩大出口市场的占有额，增加销售收入。对于以价格竞争为主要竞争形式的行业，汇率变化会强有力地影响到全行业(例如石油、纺织等)。对于生产这类标准化产品的跨国公司，在本国货币有升值趋势时应采取营销措施防止市场份额的丧失，在本国货币有贬值趋势时应试图扩张市场份额。对于那些以产品创新、促销竞争为主要竞争形式的行业，如饮料、制药等，生产差异化产品来满足不同的细分市场的需求以分散风险和根据各国货币购买力的变化来调整目标细分市场，无疑会使跨国公司在应付汇率变化冲击时具有更大的灵活性。即使是生产标准化的产品，虽然整个行业受汇率变化冲击较大，个别企业优质的服务、过硬的品牌、高质量的广告促销活动，仍能形成一定的市场分割，使其竞争地位改善。增加商品价格以外的竞争力是每个企业应付外汇风险的重要手段。

（2）调整生产管理战略。针对暂时性的汇率失衡，一方面，跨国公司可以调整原材料、零部件和制成品的采购渠道。当本国货币贬值时，公司应根据比较价格和替代可能性来寻找用国内投入替代进口投入的途径，从而维持其生产成本稳定在原有水平上。例如，20 世纪70 年代初，随着美元的大幅度贬值，美国福特汽车公司增加国内投资生产引擎等投入品，减少从英国和德国的引擎进口。反之，当本国货币升值或外国货币贬值时，公司则应尽可能提高进口投入的比例。例如，20 世纪90 年代前期日元走强时，日本的汽车制造厂商大规模地将生产地由日本迁往在美国，避免了因日元持续走强而使生产成本也持续增加的后果，减轻了日元相对于美元升值带来的负面效应，保持了日产汽车在美国市场的竞争力和市场份额。另一方面，一些大型跨国企业可以在各子公司之间进行适当的产量调整，以降低成本，维持市场份额。这种调整生产布局战略的方案，以国际市场为导向，充分发挥了跨国公司全球范围内的资源配置优势。

三、社会风险管控

社会风险尽管是不具有政治和法律强制力的社会团体或群体所发起的针对跨国企业的风险，但是在全球化发展的过程中，民族国家内部的社会团体、群体日益活跃，影响力倍增。劳资对抗、民族主义排斥风潮、社会运动抵制等事件屡屡发生。在一定条件下，社会风险又有向政治风险转化，或者与政治风险交织起来的可能。因此，对社会风险的危害，中国企业在进入陌生的社会环境中绝对不能掉以轻心。

对于社会风险的应对既是困难的又是容易的。困难之处在于，社会的力量有很多，外来企业不能确定风险的具体来源；容易之处也在于，社会的力量是多元的，外来企业可以通过与其中一些力量结为利益联盟而化解社会整体的包围。

在对社会风险的防范上，企业需要推行本地化，融入当地社会，加强与东道国各界的利益关联，同时在具体策略上加强社会责任的承担，实行与内部当地员工以及周围社会等的共赢发展，降低社会风险发生的可能性。

（一）加强与东道国各界的经济利益联系

第一，适当提高当地职员在公司持有股份的比例。这样可以提高公司当地员工的归属感，强化公司利益为第一的观念，从而反对不利于公司发展的本国政府行为。

第二，在资金融通上适当依赖东道国的金融机构。这样不仅可以降低融通资金的成本，提高资金融通的效率和便利程度，更可以加强与当地金融界的联系，形成战略联盟。

　　第三，在原料、零部件的采购上适当以当地企业优先。虽然可能增加采购成本，但客观上促进了东道国相关行业的发展，增进了就业，有利于增加社会对中国企业的好感，同时将相关行业与中国企业的利益绑在一起，提高了风险抵抗能力。

　　第四，要为东道国经济发展做出贡献。比如承担一些对东道国经济发展有关键作用，而该国自己又无法完成的项目，为东道国增加就业机会，向东道国政府和企业提供人才培训、提供技术等。这样可以增进中国企业与东道国的友好交流。

　　第五，要建立在当地的利益联盟，中国企业必须时刻保持双赢的观念。双赢的交易结构，能够使利益相关者获得实在的收益，有助于化解社会风险。

　　（二）加强与媒体的沟通

　　在陌生的社会环境中，企业需要高度重视当地社会舆论的导向。这对于化解政治风险很重要，对应对社会风险也很重要。许多中国投资者在海外不关注舆论的变化，受到攻击后也浑然不觉；或者不懂得如何去进行媒体公关，引导舆论，结果最终酿成对自己很不利的舆论环境，社会敌意浓厚。西班牙埃尔切温州鞋城的被烧，事先其实已经有针对中国商人的社会传单，但却没引起中国商人的重视，最终酿成大祸。实际上，这样的情况是需要进行媒体公关干预舆论，才能遏制社会风险的急剧爆发。中国企业在国内缺乏多元媒体的磨炼、施压，跟政治媒体打交道的能力不强，只知道如何投放广告，在商业媒体上做宣传。一旦在海外遇到有很强公共舆论影响力的政治性媒体，就不知道如何处理。这造成了中国企业在海外孤立隔绝的处境，很容易陷入不信任的包围圈，发生风险事件。

　　（三）承担社会责任，融入当地社会

　　中国企业在东道国应当高度重视通过公关活动融入当地社会，在企业和社会公众之间创造和谐、相互促进、相互体谅的融洽氛围。比如积极参与当地的社会福利和公益事业，承担社区义务等，这样有助于加强社会对企业的理解和认同，这对化解与缓和民族主义和排外情绪有十分重要的作用。海外的中国企业应积极主动地融入当地主流社会，履行社会责任，参与当地相关行业协会，同当地企业、政府官员、律师界、会计师行业、媒体、学校等建立全面合作的和谐关系，成为当地社会一员。

　　中国的一些大型国有企业在海外与当地社会相处很好，其经验值得借鉴和发扬。在这方面，中石油和山东电力集团都是典范。

据不完全统计，截至2007年5月底，中石油对苏丹的科教文化、农业、医疗、基础设施等领域的捐助，使150多万人受益。在哈萨克斯坦十年间，中石油向哈萨克斯坦社会公益事业投入大量资金，为发展当地的卫生、教育、文化和体育事业做出了贡献。这些行动都极大地密切了企业与当地人民的关系，从而有利于降低企业的政治风险。

山东电力集团同样尽量帮助当地居民做些公益性的工作。如在尼日利亚，出资为当地居民建设了一所标准较高的学校，赢得了当地居民的高度赞誉。山东电力集团在当地的代表被土著居民称为"光明使者"，派去的项目经理甚至被授予酋长称号，成为尼日利亚第一位中国酋长，并给予500亩领地。这是与当地土著居民建立的一个非常正面的融洽的关系，大大减少了在当地的经营风险。

在建立社会和谐关系上，劳资关系是其中一个突出的维度。中国企业在海外经营时，必须遵守当地法律对员工利益的保护规定，不能任意解聘当地员工；另外，需要积极与企业工会沟通，建立互谅合作的关系，实现利益上的和谐双赢。例如，上工申贝在收购一家德国企业后与工会关系的融洽相处具有启发性。

· 案例 ·

5.1 万向集团并购 A123 通过
美国 CFIUS 审查

万向集团的跨国经营战略早在20世纪80年代初期就开始逐渐萌芽。1984年，万向节进入美国市场，这是中国汽车零部件首次进入"汽车王国"，此事在当时引起了极大的轰动，国内外媒体纷纷报道，从此万向的跨国经营一发不可收拾。1994年，经国家外经贸部（现为中国商务部）批准，万向美国公司（以下简称"万向美国"）成立。万向美国成为万向集团海外拓展的支点，成为万向海外"总部"，成为万向海外投资与并购的主体。从2000年开始，万向美国先后并购了美国舍勒公司、纳斯达克上市公司UAI（生产制动器的 Universal Automotive Industries Inc.）、英国 AS 公司和美国 A123 公司等多家海外企业。

　　万向进入美国已有二十余年，一直由倪频挂帅，前后收购了 20 余家公司，一手打造了万向的美国军团。2010 年，万向的创始人鲁冠球在上海世博会上初次接触 A123，就颇为心动。那时 A123 作为奥巴马新能源战略的明星企业，刚刚在 2009 年 9 月完成纳斯达克上市，首发融资额 3.8 亿美元。当时万向集团进入汽车零部件行业三十多年，进入动力电池的研发领域也有十年，先后投入了 10 亿美元研发费用。但是面对 A123 的最新产品，鲁冠球不得不承认万向与之差距很大，后者在锂电池和储能核心技术方面才是世界领先。

　　收购过程可谓一波三折。2012 年开始，自上市以来就持续出现的亏损使得 A123 积重难返，当年 3 月的电池召回事故使其 2012 年上半年净亏损超过 2 亿美元，成为压垮其资金链的最后一根稻草。彼时 A123 的股价一度降到 37 美分，而高时曾达到 25 美元。2012 年 5 月，A123 开始聘用财务顾问寻找潜在买方，6 月至 7 月开始跟多个潜在收购方进行沟通，万向的老伙伴盛德国际律所此时开始代表万向跟 A123 协商，并在 10 月签署最终协议。一位接近 A123 的美国财务专家介绍说，10 月签署的协议具有约束力，分三个阶段实施，并且只有在条件满足时，万向才会进行下一阶段的投资。第一阶段是过桥贷款，总额度是 7500 万美元，分两笔支付，第一笔 2500 万美元，第二笔 5000 万美元，其中第二笔须满足前提条件方可支付。第二阶段，万向购买 2 亿美元的 A123 可转债，前提依然是要满足一定的既定条款。第三阶段，万向有权购买 1.9 亿份公司权证。而最后剩余的 5000 万美元贷款是在所有审批和前提条件都基本满足时才会支付，这些条件包括交易最终获得 CFIUS 的审批和中国政府的审批，A123 股东大会的通过，Hart-Scott-Rodino 法案所规定的反垄断等待期结束，其余可转债到期、执行或者赎回等等。如果所有三阶段都走完，最终万向将会以 4.65 亿美元收购 A123 的 80% 股份，包括直接债务、可换股、认股权证以及 7500 万美元的贷款。但是不幸的是，2012 年夏天万向第一笔投资 2500 万美元打进 A123 的账户后不久，这份运筹了四个月的原始方案就宣告流产。2012 年 10 月 16 日，A123 发布公告称，由于预计到期债务和利息无法偿还，公司向特拉华州破产法院申请破产保护。这也就意味着，原始方案已经很难继续执行下去了。

　　紧接着，A123 公告称，因在 8 月初与中国万向集团签订谅解备忘录遭遇许多阻力，决定终止与万向的收购事宜，改与美国江森自控集团（Johnson Controls, Inc. 达成一项 1.25 亿美元的资产收购协议。当时舆论和国会一边倒。十多个美国国会议员发联名信，一大批将军和行业里的专家也发公开信，强烈反对将 A123 卖给万向，他们认为 A123 是美国政府重点企业，且有一小部分业务和军方直接关联，而万向却是一个中国企业，这将威胁到美国国家安全。与此同时，万向面临的是破产法庭的介入和来自五个国家的 8 个竞标者，共同争购 A123，其中包括美国的江森自控、日本电气和西门子。但是它们都只对 A123 的部分业务感兴趣，只有万向自始至终承诺整体收购，并维持其 2000 多名员工的工作岗位。2012 年 12 月 8 日，A123 资产的竞拍活动在美国芝加哥瑞生国际律师事务所内进行，江森自控和日本电气组成了联合体参与竞拍。一位参与现场竞标的知情人士这样描述："万向集团每次报价只需 15 分钟，但江森自控和日本电气却是动辄四五个小时，这让现场所有人都失去了耐心。这对江森自控和日本电气显然很困难，因为这两家大企业决策程序烦琐，再加上原本意见就存在分歧。"最终，万向集团以 2.566 亿美元的价格获得 A123 除军工合同以外的所有资产，以小胜大，实际价格比江森自控和日本电气的联合报价要低 1000 多万美元，（江森控股的出价是 1.2 多亿美元，日本电气的报价是 1.3 多亿美元），这个价格也比当初的 4.65 亿美元少了将近一半。期间，A123 同意把与美国军方有关的业务出售给另外一家美国公司 Navitas，这部分分割出去的资产约为 200 万美元，是非常小的一部分，但却是最为敏感的部分。完成竞拍后，A123 总裁在致全体员工的公开信中说："万向与美国企业拥有非常好的合作记录，包括汽车和清洁技术的公司。"更深层地说，一家全球性大公司的财务支持将给 A123 提供继续培养核心业务的必要资金，万向的支持将在实质上推动 A123 进入汽车电动化、电网储能及其他全球性市场，包括进入中国市场。

　　2013 年 1 月 28 日，CFIUS 宣布同意万向集团收购美国规模最大、技术最先进的锂电池制造商 A123 系统公司除军工合同以外的所有资产。此时，离万向与 A123 首次签订收购协议已过去半年，这期间发生了签订协议、

A123申请破产、竞拍资产、剥离敏感资产、CFIUS审查等惊心动魄的故事情节。外界一度认为万向收购无望，并以此作为美国歧视中国投资的最新例证。然后，万向最终获得了A123公司汽车、电网储能和商业业务资产，不仅包括其所有技术、产品和客户合同及其在美国密歇根州、马萨诸塞州和密苏里州的工厂设施，同时也包括A123在中国的阴极电池制造业务以及与上汽合资的上海捷新动力电池系统的股权等。

万向收购A123创造了一个收购美国高科技公司的成功范例。这起收购在中美政商关系阴影颇重之际完成，它提醒中国公司无须过分担心政治气候。在美国这样一个规范成熟的市场做交易，成败的关键是并购技能高下和是否谙熟游戏规则。

CFIUS并不可怕。CFIUS的审批，是收购的重要步骤之一，但由于CFIUS曾多次否决中国企业的美国投资项目，该机构颇有些令中国企业闻之色变。CFIUS成立于1975年，横跨12个政府部门，其职能是审查外资对美国企业并购所涉及的潜在国家安全问题。CFIUS由财政部长担任主席，并由财政部下属的国际投资办公室负责协调行动。

博然思维国际公关顾问集团合伙人米歇尔·戴维斯（Michele Davis）女士认为，关于美国反对中国投资的说法是以讹传讹，万向成功收购A123表明，通过CFIUS的审查是有路径可循的。戴维斯女士曾在白宫和国会任职多年。在加入博然思维之前，她是美国财政部分管公共事务的部长助理并任政策规划主管，而财政部正是主导CFIUS的部门。她向《财经》记者介绍说，激烈的反对声音通常来自议员，议员通过媒体发表讲话，但审查过程是与媒体的声音相隔绝的，CFIUS成员只是从国家安全的出发点来进行审查。"我们经常发现外国公司在看见美国议员反对交易后感到惊恐，觉得肯定陷入大麻烦了。但是在美国，很多人就是喜欢大发议论，这不能说明任何问题。"

按照美国法律，CFIUS审查是由企业自愿提交的，但任何国有企业收购美国公司都必须审查。一旦CFIUS启动审查程序，时间最短30天，最长90天。如果CFIUS的委员们无法达成一致意见，那么最终裁决将由总统本人做出，这种情况非常罕见，"历史上只发生过两次"。另有数据表明，美国一直是全球最大的外资投放地，每年只有2%~3%的交易需要经过CFIUS审查。在美国，万向在很多项目上都跟

CFIUS打过交道。很早以前，万向就曾涉及美国的军工产品，比如坦克零件。倪频认为，收购A123是万向做得最好的项目，但项目是在最糟糕的时间发动的。因为刚好碰到美国大选，而每次美国大选，涉及中国的事情都要被拎出来攻击。"美国议员需要游说，有各种资源可以利用，其中有很多技巧。总体来看，美国的投资环境是很好的。"倪频总结道。戴维斯女士补充说，中国公司需要对美国政治有一些了解，这样才能知道什么人有可能反对你的交易，然后做出针对性的解答。通常情况下，州政府、市县政府，以及那里的多数人都非常欢迎外国投资，因为这样可以创造就业。

根据以往案例，CFIUS的审查过程通常包括四个阶段：

（1）交易各方自愿申报。

（2）对交易进行为期30天的审查，此后CFIUS必须选择：再进行45天的补充调查，或者书面通知交易各方审查已经结束。

（3）后续的45天调查结束之后（若适用），CFIUS或者建议总统阻止交易，或者书面通知交易各方审查已经结束。

（4）总统决定是允许还是拒绝该收购。尽管CFIUS从来不会发出正式"批准"通知，但如果CFIUS决定不向总统提交采取进一步行动的建议，即相当于提供了一个"安全港"，让交易能够顺利完成，而不会被CFIUS或总统进一步审查。

在CFIUS确定存在潜在安全隐患的情况下，为防范可能出现的风险，委员会可以要求外国投资者签署风险缓解协议。其中可能包括：对外国公司接触敏感产品、服务或进入敏感场所（尤其是军事场所）的限制。如果CFIUS判断缓解措施不足以解决安全问题，则会建议总统阻止交易。交易各方可在完成交易之前自愿向CFIUS提交有关交易的通知。CFIUS会对一定范围内的交易进行持续监控，并在发现感兴趣的交易时，要求交易方提交通知。如果交易方无视这种"自愿"提交要求，CFIUS有权单方面审查交易。CFIUS尚未审查的交易在完成之前或之后均可能受到调查。在交易完成之后，如果确定交易对国家安全构成威胁，总统有权下令公司"撤销"交易或转让相关资产。如果CFIUS未向总统提交阻止交易建议，交易各方就可以放心地完成交易，交易不再会被审查。如果CFIUS提出异议，则交易各方可以选择提供更多的信息说服CFIUS；或是针对委员会的关注事项，对交易结构进行重新设计；或是退出交易。

　　中国企业在走出去时，首先应该对收购中涉及具有战略或政治敏锐性的资产交易保持敏感。中国企业可多考虑以合资、获得少数股权或非经营地位等方式进行投资。应重点确保收购不会带来严重的国家安全问题。在评估潜在投资时，中国企业应尽早对目标公司进行全面尽职调查。包括：确定目标公司是否有任何政府合同，是否有权接触机密信息，或者其有形资产是否紧靠美国的安全场所。如果交易各方确定存在任何潜在的安全问题，各方在向CFIUS申报之前，应考虑采取缓解措施，如：排除某些敏感资产，或是限制外籍人员接触这些资产。需要注意的是，不要将对交易结构的限制设定得过于宽泛，以免对市场能力产生负面影响。例如，如果对中国投资者经营页岩开采存在任何疑虑，则对商定的任何限制规定的持续时间或应用范围都应该适当，以避免对未来活动造成不合埋的限制。其次，中国投资者在交易过程中，应尽早与CFIUS、决策者和公众积极接触，注意沟迪的艺术。交易各方应尽早向CFIUS提供交易的信息，并征求其对潜在问题的意见。尽管这些讨论不是CFIUS正式审查过程的一部分，但可以让CFIUS有机会对交易提出修改意见，从而有可能不必提交正式的CFIUS通知；或者如果必须申报，则可以帮助避免不必要的时间延误。各方应与决策者接触，以强调交易的积极方面。交易方应确定那些可能对交易持支持态度的机构，他们在审查过程中，可以提供一些协助和支持。中国投资者和目标公司都应开展沟通和游说活动，而且双方应相互协作，传达一致的意见。公关公司还应该广泛与公众沟通，通过强调交易的益处（比如创造就业机会或者促进新投资等），为交易创造一个积极的形象。通过主动的公众沟通、新闻媒体报道等舆论，能帮助中国投资者取得公众对交易的支持，从而使得交易更经得住政治性攻击。

· 案例 ·

5.2 一波三折的中海油并购尼克森最终落地

　　国际金融危机后，全球经济步入了漫长的复苏征程。在此过程中，伴随全球经济减速、欧洲经济疲软、美国经济一枝独秀及美元强势上扬，国际原油价格从每桶110美元的高位跌至2015年9月的每桶40美元，跌幅超过 60%。全球油价暴跌使得大部分国际石油企业销售收入迅速减少，资金链紧张进而陷入经营困境。

在此背景下，2012 年 7 月，中国海洋石油集团有限公司（下称中海油）宣布与加拿大独立全球性能源公司尼克森达成以 151 亿美元价格收购尼克森全部流通股的最终协议。虽然该项交易得到尼克森公司绝大多数普通股股东和优先股股东的支持，但根据 2012 年 8 月的一项加拿大调查机构的民众调查报告显示，加拿大多数民众并不支持这项收购案。该项收购案经历了由加拿大民众"民族情感"引发的抵触情绪，部分保守党议员也表达出不满，认为中海油获取尼克森控制权将危及本国的能源安全。尽管过程一波三折，但最终在 2013 年 2 月加拿大政府批准了该项并购案，不过也表示今后要减少该类以加方为并购目标的能源类企业的并购交易。

中海油之所以能够并购成功，主要缘于其制定了符合加方核心价值的跨国并购战略，坚持互利共赢的原则符合加拿大本国利益，与此同时，中海油还从多起并购案中汲取以往的经验教训，设计低成本的融资结构并实施了积极的企业文化和人力资源整合策略。

（1）制定了符合中海油核心价值的跨国并购战略。中海油在多年的海外经营过程中，坚持价值驱动的核心价值战略，即资源、回报和风险。因此在进行跨国并购时，中海油首先考虑油田勘探前景和项目储量，探明该项目是否能够为自身提供优质丰富的油气资源；其次，中海油会对项目资源性进行严谨的效益分析，着重考虑资本回报率；最后，还会对即将进行的并购进行整体的风险评估。从资源角度看，尼克森油气资源储量大、勘探前景广阔，公司在开发项目方面具有丰富的专业知识，在油砂、深水和页岩气的开采技术中保持世界领先水平，中海油并购尼克森将会获得大量的有形资产和无形资产。在回报方面，尼克森公司被证实拥有 9 亿桶油当量，粗略估算的石油储量是 56 亿桶油当量，并购尼克森不仅可以获得丰富的油气资产、先进的油气开采技术、优秀的企业管理团队和成熟的油气作业团队，还有利于中海油在墨西哥湾进行油砂、天然气开采据点的建设，优化中海油的全球市场布局。在国家风险方面，尼克森位于政治稳定、经济发达、法律健全的加拿大，预测并购后的经营风险较低。

（2）坚持互利共赢，符合加拿大的实际利益。由于美国通过"页岩气革命"，基本实现了油气自给，因而加拿大出口美国的油气大幅度减少。在此背景下，加拿大政府不得不重新寻找合作伙伴，保障本国的资源价值得到足够回报。再加上后危机时代加拿大经济持续疲软，国内石油资源供大于求，这种局面导致大量本国原油企业的经营陷入危机，使尼克森公司在金融危机中石油开发项目的失败也影响了其正常业务的运转。中海油的投资并购，能够使尼克森获得足够现金流，且双方在技术和市场上具有高度的互补性和互利性，中海油在页岩气领域的开发经验能够充分开发尼克森公司的页岩气资产，尼克森拥有的油砂改质技术也能填补中海油在该领域的技术空白；中海油在天然气液化领域的开发经验和市场优势有助于尼克森公司一体化液化天然气项目实现高收益。因此，该项并购是在互利共赢基础上进行的，一定程度上增强了加拿大政府对于该项目的认同感。

（3）从以往的并购案中吸取经验教训。中海油自1994年涉足海外并购至今，历经了多次海外并购交易。2005年中海油并购美国优尼科石油公司中途退出，主要原因是未充分评估主权风险和过分渲染自身的国有企业背景，增加了并购阻力。此次并购前，中海油进行了政治风险评估，通过关键的三个步骤降低政治阻力：一是并购前多次与尼克森高层会晤，尽量减少分歧以达成共识；二是通过其在加拿大设立的全资附属公司CNOOC完成对尼克森的并购；三是在2012年加拿大总理哈珀访华时，积极争取到总理的支持。这些做法有效降低了并购的政治风险和阻力。

（4）设计低成本的合理的融资结构。以最低成本设计最合理的融资结构是中海油化解融资风险和并购后的财务风险的主要措施。中海油结合当时国际资金市场环境和自身资金运营情况，合理设计了151亿美元的并购融资方案。第一，确定90亿美元来自中海油自有资金的换汇（考虑到外汇市场容量，采用即期购汇方式），并在准确判断国际金融市场上的美元融资成本较低的情况下，设计了60亿美元过桥贷款融资。第二，中海油选择了来自中国、加拿大、美国等国家的20家商业银行进行一年期的过桥贷款，并将贷款利率确定在较低水平，比预计降低了约300万美元的贷款利息。第三，中海油将贷款计息分为三个阶段（0~6个月，6~9个月，9~12个月）

递增利率，保证了不确定的交割日期与提款日期的灵活匹配，也降低了中海油有可能提前还款所支付的实际利息成本。第四，在 2013 年 2 月，中海油顺利完成 151 亿美元的资金交割后，利用其逐步上升的资信评级在国际市场上发行了 40 亿美元的较低成本的全球债券，完善和优化并购后的资本结构，从而化解了并购后可能发生的财务风险问题。

（5）实施积极的企业文化和人力资源整合策略。在完成对尼克森的并购后，中海油进行了积极的文化整合和人力资源整合，在中海油并购尼克森的最终协议中，中海油承诺尽可能留用现有管理层和员工，新董事会人员调整幅度也不大。并购后，中海油采取了稳定的经营策略，制定了"稳定基层、稳定加籍"的详细措施，招聘了一批加拿大本地员工，建立了合理的工资体系、绩效考核体系等，加强了制度宣传与贯彻，也最大限度地争取到工会的支持。并购后的中海油纪委注重企业多元文化的发展，重视塑造良好的企业形象，积极承担所在地政府的社会责任，以提升企业的品牌形象和文化融合度与认可度。

· 案例 ·

5.3 吉利再出手收购戴姆勒

2018 年 2 月 24 日，吉利汽车在官网微信中表示，公司已经通过旗下海外企业主体在二级市场上购买戴姆勒股份公司 9.69% 具有表决权的股份，跃升至其最大的股东。

吉利收购戴姆勒并非心血来潮，作为一家雄心勃勃打造国际性企业的国产汽车企业，"补缺"是迅速成长的有效手段，而戴姆勒除了轿车和豪华车业务以外，其卡车、面包车、客车等业务都是吉利目前的短板。在正式谈判开始前，双方曾与 2016 年开始接触。2017 年 10 月，吉利和戴姆勒就股权收购展开谈判，吉利希望戴姆勒发行新股，以便吉利成为其股东，但遭到戴姆勒公司拒绝，主要原因是出于保护股东利益的需要。增发计划被否后，吉利转战二级市场，购买了戴姆勒股票总额的 9.69%，总市值接近90亿美元。

对于吉利而言，重金投资是基于对未来汽车行业发展趋势的研判。李书福认为21世纪的全球汽车行业将面临巨大的创新机遇，也会面临来于非汽车行业企业的挑战，汽车企业单打独斗很难赢得这场战争。为了主动抓住机遇，必须与伙伴联合，通过协同和分享来占领技术制高点。吉利在与沃尔沃成功进行战略协同后，致力于应对未来互联网汽车、电动化技术及共享出行等机遇和挑战，与戴姆勒等超大规模汽车企业建立更大规模战略协同。

此次收购案中，吉利寻找了两位合作伙伴——兴业银行和摩根士丹利，通过两个合作伙伴各自融资为吉利筹款，大大降低了吉利自身的财务风险。据内部资料显示，超过2/3的资金源于摩根士丹利等海外财团的支持。

· 案例 ·

5.4 某知名加工贸易集团 在印度遭遇劳工纠纷

2014年，某知名加工贸易集团在印度设立的一家工厂由于订单量下降导致工厂无法正常经营，集团高层决定关闭该工厂，并将剩余订单转移至其他工厂。与此同时，NOKIA在印度的工厂与该工厂相邻，NOKIA也在2014年结束了在印度的经营，对于劳工补偿部分，NOKIA按照N+1的形式对员工做出了补偿。

在关闭工厂的过程中，针对劳工补偿问题，印度劳工代表要求该集团参考NOKIA的补偿方式进行赔偿。由于该集团当时对印度劳工法律不熟悉，以为这是印度法规规定的赔偿方式，于是该厂厂长当时同意了按照N+1补偿。但是，后续通过统计计算及律师确认后，赔偿款项过高且该赔偿方式并不是法律强制要求的，因此集团高层经过内部讨论之后不同意按该方式进行赔偿。然后被遣散的员工就开始与集团打官司，同时每天在工厂门口举牌抗议，要求该集团按照原本同意的方案进行赔偿，印度当地政府也将集团工厂的资金全部冻结。

此次劳工纠纷产生的原因，最主要在于集团在海外经营的过程中，不熟悉印度当地的劳工法律，并且在不熟悉法律条款的前提下，轻易同意了劳工的要求，因而导致了此次严重的劳工纠纷。

经过与印度政府的多次沟通协调，该集团承诺增加对印度的投资并在新厂开工后，重新雇佣原来遣散的员工，并按照法律规定范围给予遣散费，最终较好地解决了此次劳工纠纷。

·案例·

5.5 康奈鞋业通过品牌化提升跨国经营能力

国内著名制鞋企业康奈集团的实践表明，企业实行"走出去，走进去，走上去"的方针，不仅可以有效解决中国企业被投诉倾销的困境，而且可以很好地融入全球市场，为成为世界知名企业创造条件。

走出去才有新天地。据介绍，康奈的这一方针分成三步走。第一步是要走出去，让国外消费者了解、使用中国产品。第二步是要充分尊重所在国的法规法律，广泛开展合作，实现共赢。第三步是通过技术创新，用高质量的产品参与国际竞争，创造中国的国际知名品牌。

"创立属于中国的世界品牌，是中国经济进入全球一体化时代的必然要求。目前，中国制鞋业虽然产量占世界的51%，但却没有一个在国际上叫得响的品牌，中国鞋企必须走出去。"康奈集团董事长、中国轻工业联合会副会长郑秀康说。

"在自己家门口，再成功也不是国际品牌。"郑秀康说。2001年1月，康奈第一家海外专卖店在法国巴黎开业，这是中国鞋类品牌在国外开设的首家专卖店。2006年7月9日，康奈在巴黎开设了第一家海外旗舰店，目前，康奈已在全球20多个国家开出了100多家专卖店。

对于缺乏国际知名度的中国鞋企而言，走出去需要谋划细致，重在长远。20世纪90年代，康奈经过研究发现，世界各地的40多万温州华侨本身就是一个黄金销售渠道。通过向海外温州籍商人及回国探亲的华侨深入宣传，康奈海外加盟商逐步得到落实。同时，通过选择欧美的华文报纸等媒介投放广告，越来越多的读者了解了康奈品牌，由此带动了一大批消费者。目前，康奈海外专卖店的消费人群比例，已从当初华侨占多数变为当地外国人占多数。

走出去的企业还须走进去。但是，近年来中国企业走出去的步伐，正在遭遇欧美等国家越来越强烈的反倾销的阻击。

2018 年 4 月初，欧盟裁定中国皮鞋存在倾销，并自 4 月 7 日起对中国皮鞋征收 6 个月的临时"反倾销税"。中国皮鞋业出口面临严峻考验。

除了反倾销的大棒外，中国鞋企有时还面临更激烈的冲突。2004 年 9 月 17 日，西班牙埃尔切市的中国鞋城曾发生了温州鞋商仓库被焚烧的事件。这促使一批中国制鞋企业反思：走出去不是简单的问题，中国企业必须加强自律，实现共赢，才能真正走出去。同时，"西班牙事件让我们明白中国鞋业必须站在世界鞋业的前沿，中国本土企业的品牌必须国际化。"郑秀康说。

西班牙焚鞋事件后，温州鞋革考察团专程赴西班牙，与该国制鞋行业人士进行了沟通。2005 年 12 月，郑秀康邀请西班牙埃尔切市鞋业协会会长安东尼奥赴温州参加康奈举办的论坛，并代表温州鞋业与西班牙埃尔切鞋业界共同发表了以"和谐贸易，互利共赢"为主题的"温州宣言"。

"在当前形势下，中国制鞋企业应做到'三多三少'。"郑秀康说。即多一些主动，少一些埋怨；多一些品牌，少一些数量；多一些融合，少一些摩擦。只有在发展中寻求和谐，在诚信、公平的世贸规则框架下，找到解决摩擦和争端的办法，才是根本出路。"面对目前的困局，也许中外双方可以寻求和谐发展。当然，我们更有必要审视自己产业的发展现状，努力转变外贸出口的增长方式。"郑秀康用这句话开始了对康奈、对中国鞋业的一种反思。

·少一些埋怨，多一些主动。由于中国劳动力成本低，中国鞋在出口时具有明显的制造成本优势。虽然中国鞋价廉物美是符合中国企业实际的，但由于少数企业为了抢市场而不惜杀价，造成了恶性的无序的低价竞争。面对外国提出的反倾销调查，不能一味埋怨指责对方的贸易保护主义政策，我们也要主动去审视自己是否无懈可击。

·少一些数量，多一些品牌。由于产品档次低、价格低，使中国鞋在外国人眼中成了低档鞋的代名词。因此，中国鞋要想打入国际市场且不被反倾销，最重要的是要练好内功，打响品牌，用过硬的质量和合理的价格去参与市场竞争，从数量规模型向质量品牌型转变。

·少一些摩擦，多一些和谐。在走出去过程中，我们不仅要懂得国际贸易游戏规则，更要主动融入国际规则。对中国鞋类企业而言，可以采用一些亲和当地民众的做法，如多参加当地的社会公益事业，有条件的企业甚至可以在当地投资办厂，既解决了当地民众就业，又增加了当地政府的税收。这样一来，既可减少或避免遭到反倾销调查的可能性，也不会受到同行的排斥或反对。

中国鞋企的制高点：走上去。郑秀康认为，欧盟针对中国皮鞋的反倾销措施，整体上不能阻挡中国鞋业进军国际市场的步伐，但会对中国鞋业发展产生阶段性障碍。在此形势下，中国企业应加大自主创新力度，掌握核心技术，创出世界一流品牌，才能占领国际高端市场。

中国鞋类产品在走向国际市场的进程中，大多采用的是低价竞争策略，产品多集中在低端市场。而当前屡屡发生的对华鞋企的反倾销行动，往往利用技术壁垒，针对的是技术含量不高的低档次产品。

为了破解国际贸易壁垒，2004 年郑秀康斥资 1000 万元，与英国全球性鞋类认证机构 SATRA 签订合作协议，在国内建立符合 SATRA 认证的世界级鞋类设计研发中心。和 SATRA 结盟，使康奈解决了与国际标准接轨的问题。8 月 28 日，康奈举行了"商务舒仕"系列新产品的全球同步上市仪式，该系列采用的是 SATRA 舒适全球标准。国内制鞋企业采用国际舒适标准，在国内还是首次。它的发布，正是康奈以技术突破实现走上去战略的一部分。

·案例·

5.6 海尔集团实现海外经营本土化

一些在本土创造了奇迹的企业，往往在"出海"之后因为水土不服而铩羽而归。但海尔的国际化过程，可以说是海尔在海外实现本土化的过程。本土化的成功意味着企业在国际化战略推进中清除了最大的障碍。

一、人员本土化——员工全用美国人

在海尔总部的院子里有一片合欢林，这是由一些青草、树木和流水勾画出的一幅世界地图。海尔每在国外建一家工厂，或是成立一个贸易公司，都会和当地公司的人在所在国家的位置上联手种植一棵合欢树，以示"合欢双赢"之意。海尔海外市场拓展出去的每一步，这片合欢林都有见证。海尔首席执行官张瑞敏开发海外市场的观念就是：要让当地人接受海尔的产品，首先要让他们认同海尔的人和文化。

在美国南卡罗莱纳州工厂里，一共有200多名员工，除了总裁和财务主管是从青岛海尔派出的之外，其余员工全部是美国人。海尔分布在全球的13家工厂共有838名这样的海外海尔人。

除了工人和管理人员外，海外海尔人还包括一些海外设计人员和经销商。海尔认为国际化其实就是本土化。海尔的本土化就是用本土化设计生产产品，打造本土品牌，以品牌经营扩大市场的份额。因此铸造一支熟悉当地市场的本土化队伍，是海尔国际化棋局中关键的一步。

二、设计本土化——因地制宜，因人而异

一个产品能否被市场接受，最核心的环节在于设计。海尔国际化战略的第一步就是设计本土化。

在2001年2月27日的德国柏林国际家电展览会上，海尔展示了58个系列、218个型号的产品，吸引了大批的参观者。这些产品都是海尔专门

为海外市场量身订做的。要知道 1997 年，海尔第一次参加德国科隆国际家电博览会时，在仅有 100 平方米的展区里，海尔只展示了几个品种的产品。同期参展的通用、惠尔普等国际知名家电企业，不仅占据了五六百平方米的大型展区，而且展出了大量设计独特、样式各异的家电产品。那次经历让海尔认识到，国际化要从最基础的产品设计开始。

米罗就是在这个时候出现的一名法国设计师，他在巴黎有一家独立的设计公司。二十多年家电产品设计的从业经历，使米罗对于整个欧洲的市场需求了如指掌，他所设计的产品都是以最大限度满足消费者的口味为前提的。在海尔看来难以捉摸的海外市场，经由米罗这样熟知本土需求的人士的设计，一款款样式各异的全球海尔产品便逐一亮相了。例如一款专门为欧洲设计的典型产品，采用全封闭的抽屉，具有速冻功能；而另一款专为英国市场设计的台式冰箱，则创造了其他厂家没有的型号，占地面积很小，被广泛用于小公寓、小套间和旅行车等处。像海尔在美国推出的迈克冷柜以及在欧洲开发的新型酒柜，都是原来当地家电厂家没有做过的，这些创新的个性化产品，对当地消费者的视觉冲击非常大。

如今海尔已经专门为海外市场设计了几百种产品。这些产品的大多数都融入了海尔海外设计中心的智慧。从 1997 年开始，海尔在世界各地寻求可以合作的家电产品设计工作室，由海尔控股，双方以利益共享的合资方式组建设计中心。目前这样的海尔设计中心在全球共有 18 个，广泛分布在美国、英国、法国、日本等国家，同时还配备有几百名本土的专业设计师。海尔分布在全球的设计师们每天都在设法满足一个个富有挑战性的消费需求。随着海尔产品市场拓展到 100 多个国家，海尔在设计本土化实践中已经锤炼出一种融合多元文化内涵的设计能力，这种能力成为海尔企业核心竞争力的重要内容。同时这些海外设计中心专门为国际市场设计的产品，不仅在海外市场销售得非常好，而且在中国市场也取得了非常好的销售业绩。设计本土化使海尔产品的国内市场和国际市场达到了互动的效果。

三、制造本土化——海尔冰箱美国制造

1996 年，海尔在印度尼西亚设立了第一家海外工厂。到 2001 年，海尔

已经在全球设立 13 家工厂，这些工厂每年生产上百种产品，这些产品的大部分在当地销售。海尔相信，本土化制造是海尔国际化道路上关键的一步。

但是 1999 年，当海尔在美国南卡罗莱纳州投资开设一家工厂时，《中国企业家》杂志驻美记者曾立即对海尔的做法提出质疑：舍弃国内劳动力成本低廉的优势，到人力成本昂贵、市场饱和的欧美投资建厂，海尔是否明智？对此，海尔首席执行官张瑞敏的看法可谓富有远见："这可以说是一种逆向思维。我们当时考虑美国很多工厂到中国生产，所看好的是中国的廉价劳动力，那么我们现在唯一一个优势可能就是廉价劳动力，但如果我们总等在家里的话，最后我们什么相对优势都没有了，所以我们到美国去主要是获取人才资本包括技术这些优势。而且加入世贸组织以后，我认为非关税贸易壁垒会加强，也就是说随时会提高它的技术标准。美国每两年提高一次家电的能耗标准，如果不在那里建厂，你很难跟上它的要求。到那时候光凭出口，光凭廉价劳动力，已经不可能有优势了。所以我们现在要到国外去生产。也就是说，将来经济全球化的时候大家都一样，共同在一个地方进行竞争。"

况且，一些美国零售商曾经因为海尔是国外进口商品，在售后服务和零部件供应等方面都比本土产品麻烦，而不愿意销售海尔的产品。直到印有"美国制造"字样的海尔产品一批批运出美国南卡罗莱纳工厂的时候，美国的零售商们才不再把海尔当作外来产品看待了。纽约连锁店的老板理查说："海尔这个品牌现在已经在美国本土生产和销售，是一个美国品牌了。"而对美国消费者来说，在选择同样性能和价格的商品时，"美国制造"这个标签往往是决定他们取舍的微妙因素，这就是本土品牌的价值。

海尔目前在国外的本土制造能力已经达到了年产百万台冰箱。从"海尔中国造"到"海尔世界造"，海尔品牌从质量、信誉、售后服务等各个方面，都已经改变了人们对于中国制造产品质差价廉的印象。

四、营销本土化——4 年建立 4 万营销网点

国际市场的营销实践中流行着一句话：宁愿要一流的经销商，二流的

市场，也不要一流的市场，二流的经销商。因此，海尔本土化策略另一个重要环节是营销的本土化。

在中国国内，海尔用了 10 多年的时间，独立建起了一整套非常严密完善的营销网络。在海外，海尔则采取了合资合作的方式，利用海外本土经销商原有的营销网络来销售海尔产品。海尔欧洲贸易公司总裁亚默瑞，曾经就是海尔的全球经销商之一。2001 年由亚默瑞领导的海尔欧洲贸易公司完成了 1.5 亿美元的销售额。全球 3000 名经销商完成了 7.3 亿美元的销售额。海尔全球营销网络已经形成。

海尔用了 4 年多的时间建立了本土化的营销网络，包括 4 万多个营销网点和 300 多名经理人。这些经理人每年都举行年会，从青岛到意大利，再到纽约，海尔全球经理人年会已经成了每年经销商交流和总结营销经验的聚会。

美国海尔贸易公司总裁迈克说："交流非常重要，这样可以了解同行和业界的情况，可以了解市场和技术发展的状况，可以互相借鉴、了解对方的意向。"

五、文化本土化——6S 激励欧美员工

当美国南卡罗莱纳海尔工厂的员工一边听收音机一边工作的时候，海尔管理人员遇到了用什么企业文化整合这支队伍的难题。

"6S 班前会"是海尔本部实行多年的"日事日毕，日清日高"管理办法的主要内容。"6S"是指整理、整顿、清扫、清洁、素养、安全 6 项工作的头一个字母。每天工作表现不佳的员工要站在 6S 大脚印上反省自己的不足，海尔称这种做法为"负激励"。

然而这样一套在海尔本部行之有效的办法在美国却遇到了法律和文化上的困难，美国的员工根本不愿意站在什么大脚印上充当"反面教员"。6S 班前会这种富有特色的海尔管理方法在漂洋过海后迎来了它的本土化过程。"负激励"变成了"正激励"，争强好胜的欧美员工们，很乐意站在大脚印上介绍自己的工作经验。当站在大脚印上的演讲者越来越多后，车间里的烟卷和收音机也逐渐消失了踪影。

6S 班前会的欧美做法很快又传回到海尔本部。现在每天站在青岛 6S 脚

印上的也是表现优异的员工了。海尔文化的主要内容就这样经过了移植、改造，再移植、再改造的过程，在不同文化的熔炉中，海尔的文化内涵得到了极大的丰富。

海尔的海外员工现在都很乐意遵循海尔文化提供的行为准则。比如，以员工名字命名的创新工作方式；车间看板上员工家人的温馨照片，甚至海尔本部员工用漫画、标语等表达意见的习惯，这些也得到了海尔海外员工的喜爱。

海尔用东方人特有的人情味和亲和力，打破了不同民族和语言的障碍。海尔文化在最细微处得到了融合。张瑞敏在视察美国南卡罗莱纳工厂离开时，美国员工在送给张瑞敏的贺卡上写着："中国海尔和美国海尔是一家人，我们共同关怀和照顾这个海尔大家庭。"海尔文化的精髓正在被不同肤色和不同价值观的人们所接受。

海尔的本土化不但在美国员工中赢得了认同，而且由于海尔大力推行本土化，当地州政府和居民都对海尔报以一种欢迎和认同的态度，南卡罗来纳州政府还以"海尔"来命名一条新建公路。

（资料来源：石建勋、孙小琰编著：《中国企业跨国经营战略》，机械工业出版社，2008年，第89—92页）

·案例·

5.7 中联重科成功并购 CIFA

在全球机械工业领域，美、德、日一直处于第一方阵。中国的高端装备发展，由于欠缺基础零部件、基础工艺和基础材料，常年来处于较为被动的局面。2008年6月25日，长沙中联重科发展股份有限公司（以下简称中联重科）发布公告称将收购世界第三大混凝土机械制造商意大利 CIFA 公司将近 60% 的股权。同年9月28日，中联重科及共同投资方在意大利完成了 CIFA 公司股权交割手续，全球第三大混凝土公司控股权正式转入中联重科。2012年12月28日，中联重科公告称公司董事会审议批准了旗下海外投资管理公司收购香港 CIFA 公司其他股东的 40.68% 股权的协议。以"两步慢走战略"完成 100% 股权收购的中联重科，其成功之处不仅在于完成了对全球第三大混凝土公司的并购动作，而是在后来长时间的经营管理中坚持的融合之道。

在并购之初，中联重科就向 CIFA 做了"123"承诺："1"是中联重科和 CIFA 是一个大家庭；"2"是指两个品牌同时存在；"3"是三个基本原则，即保持 CIFA 管理团队和员工队伍的稳定，保持 CIFA 公司独立自主经营，两家企业在全球市场实现资源共享。

事实上，中联重科并购 CIFA 后，并没有采用并购企业常用的调整原有管理人员和员工队伍的做法，而是充分信任原意大利管理团队和员工队伍，放手让他们按照全新的机制植入新的管理理念和管理模式，实施创新变革。并购五年后，中联重科仍然没有对 CIFA 公司派驻一名中方员工，但 CIFA 公司却在严格按照中联重科的制度体系运行。

并购 CIFA 后，在管理整合方面，中联重科设置了"协同办公室"，下设市场组、技术组、生产组、采购组和综合管理组，在整合的每一个方面都有中方和意方的经理对接，开展联席工作制度。对于从下一场展览会上双方应派出何种机型参展，到如何整合现有经销商，以及双方未来品牌如何定位等，都会进行详细充分的讨论沟通。第一，管理架构设计。中联重科把原有的国内混凝土事业部和国外 CIFA 事业部联合起来，组成混凝土跨国事业部，旗下部门分设两地：研发、国际市场和国际销售放在米兰；国际战略、协同、财务、信息化、采购部将长沙作为根据地。同时，成立了覆盖俄罗斯、澳大利亚、意大利等国际市场的海外融资租赁公司，实现了团队、研发、生产和市场资源的国际化。第二，人力资源整合。在并购之初，中联重科没有派驻中方经理，完全保留了 CIFA 的经营管理团队，实行本地化管理，原董事长除继续担任新 CIFA 公司的董事长外，还出任中联重科的副总裁。

在重组整合中，中联重科提出整合要达到"四个一"的阶段目标，即中联重科和 CIFA 拥有一个共同的管理团队、一个共同的国际市场营销体系、一个共同的研发平台和一个共同的生产协调体系。在技术研发上，通过研发团队的全面对接搭建统一的国际化研发平台，共同开发新产品、制定流程和标准；原来分属两个运营中心的研发团队合并，通过优势互补、技术相互渗透，加快产品推新和技术提升的速度，在较短的时间内统一产品开发流程、结构计算方法和产品质量控制标准。在全球采购上，在对双方采购模式、采购资源和采购链条进行梳理对比的基础上，整合双方优势资源，有序开展全球供应链战略性整合，此举大大提高了公司议价能力，为中联重科和 CIFA 带来了成本领先优势。

对于中国企业来说，走出去不仅是把产品卖到海外，把工厂建到海外，更是要走出去融入全球生态，将不同民族、不同国家、不同文化真正融合起来。

·案例·

5.8 福耀玻璃积极履行社会责任以融入美国社会

福耀玻璃集团（下称福耀玻璃）是成功拓展海外业务的中国民营家族企业之一。自 1995 年在董事长曹德旺的带领下初试国际化以来，福耀玻璃从占据中国汽车挡风玻璃市场 70% 份额的本土企业，逐渐成长为世界三大汽车挡风玻璃供应商之一，在美国、德国、俄罗斯均有生产基地和稳定的客户，与奔驰、宝马、通用、奥迪、大众等知名汽车制造商建立了长期的合作关系。

福耀玻璃开拓海外市场的一个重要法宝是积极履行社会责任。在中国国内，福耀玻璃及掌权人曹德旺以积极承担社会责任著称——福耀玻璃每年都会发布一份社会责任报告，列明企业对社会做出的贡献；掌权人曹德旺及曹氏家族成员经常性地以公司或个人名义对贫困、受灾地区进行社会捐赠，并亲自督查，确保捐赠款项落实到每家每户。而这样一份社会责任感，对于福耀玻璃解决在美国市场遭遇的难题，同样发挥了不可或缺的作用。

2014 年，根据与通用汽车签署的战略合作协议，福耀玻璃在俄亥俄州莫瑞恩市投资建厂，以保证作为通用的前挡风玻璃第一大供应商能够有稳定的供货。

建设莫瑞恩工厂的初衷是好的，最初将福耀公司引进俄亥俄州的私人经济开发公司 JobsOhio 高管 Kristi Tanner 称，福耀将通用汽车长期闲置的一家装配厂改造为现代化的挡风玻璃生产厂，为该地区带来了新的就业机会，促进了地区产业链条的完整化，同时为政府带来了可观的税收。

然而莫瑞恩市的工厂投产仅两年之后，福耀玻璃便遭遇了与工人之间的权益纠纷。2016 年 6 月，部分工人向全美汽车工人联合会（United Automobile Workers, UAW）求助，称福耀玻璃生产过程的安全设施不达标；另有员工表示福耀玻璃对美国工人存在偏见，更倾向于雇佣中国工人。随后，联邦安全与卫生署（OSHA）于 2016 年 11 月宣布对福耀玻璃缺乏完善的电源锁定防护装置等违规行为处以 22.5 万美元罚款；当地工人于 2017 年 4 月在当地市政厅集会维权抗议，并在 UAW 支持下与福耀玻璃集团进行劳资谈判。

事实上，福耀玻璃遭遇的困境也是诸多中国企业海外投资中常见的情况。首先，中美两国对生产安全的衡量标准不同，汽车产业更为发达的美国对于零配件生产厂安全要求比中国要高；其次，中国企业家更讲求效率，因而对工人有着更为严苛的要求；最后，生活水平更高的美国人对于自身权益的维护也更加看重。因此福耀玻璃与工人之间的冲突，实际上是由中美两国生产方式和理念上的差异所导致。

对此，董事长曹德旺做出了积极正面的回应，主动承担起自身忽略的社会责任。一方面，曹德旺敦促集团主动更新了莫瑞恩市及美国另外两个工厂的安全设施，使其达到 OSHA 所声明的要求；另一方面，公司也与工厂工人进行积极的沟通和协调，以减少因生产理念和社会环境差异所导致的劳资冲突，并将生产员工的时薪整体提高。经过福耀玻璃持续的努力，2017 年 3 月，OSHA 同意将罚款金额减至 10 万美元；2017 年 11 月，莫瑞恩工厂员工以 868 票反对、444 票赞成否决了成立工会的动议，劳资纠纷就此平息。

据公司财报显示，公司莫瑞恩工厂自2017年6月以来已经开始扭亏为盈，2017年6—9月实现219.5万美元的盈利，预计2018年全年将产生稳定的净盈利。福耀玻璃对社会责任的履行和承担成功地阻止了莫瑞恩工厂劳资纠纷的进一步扩大，并击碎了外界对公司的种种质疑。

·案例·

5.9 上工申贝收购德国DA后妥善处理劳资问题

上海的上工申贝是专门生产工业缝纫机的公司，2005年7月1日正式并购了德国的DA工业缝纫机厂，该厂拥有顶级的世界缝纫机制造技术，注册的专利有200多项。上工申贝和DA合作以后，打造了全球的产业链。DA在德国有研发中心和高端机的制造中心，在捷克斯洛伐克有一家最大的制造厂，在罗马尼亚、德国也有公司。

上工申贝在收购后首先面临一个被德国企业的员工和股东反复问及的问题：上工申贝收购DA是不是只为了把DA的技术拿到手，然后就关厂走人？这个问题与上汽集团在收购韩国双龙后面临的问题基本是一样的，如果处理不好，很可能同样受到德国工人们的抵制。

上工申贝的老总以诚相见，不断耐心地解释上工申贝的战略计划，强调上工申贝是将德国DA看成国际化经营的基地，核心技术还是放在德国，所以肯定是要大力发展而不是逐渐关门。除此之外，上工申贝在具体利益上也严格自律，宽待工人。上工刚接管时，工厂连续多年亏损，工会曾提出能不能大家勒紧腰带节约300万欧元，从工资福利上节约，但是上工的老总却对工会领导说经营者应该承担这个责任，不应该勒你们的裤腰带，300万欧元由经营者承担。这一举措让当地的雇员非常惊讶，没想到管理者有这种胸怀。特别是当来年盈利以后，上工申贝向德国工人派发了过圣诞节的圣诞奖金。通过这两件事，德国工会完全打消了对中国雇主的怀疑，转变了对中国雇主的看法，开始鼓动大家要支持中国雇主的工作。

结　语

　　跨国经营的风险作为企业全球化和跨国经营的副产品是中国企业在国际化的漫长道路上必须要经受的考验和难关。许多中国企业已经在跨国经营的风险中付出了沉重的代价，缴纳了高昂的学费。跨国经营企业在走出去后面临着更加风云难测、错综复杂的国际风险，往往牵一发而动全身，其中利害甚大。今后，中国企业在国际化过程中还将遇到更大更凶猛的风险，对此我们要有清醒的认识和充分的准备。我们必须站在更高的角度，对那些攸关企业生存和发展的主要海外风险因素进行深入研究，掌握其发生规律，总结学习处理的经验，建立一套行之有效的识别风险、规避风险、控制风险、削弱风险的战略和策略。只有做到对跨国经营风险的制度性、长效性的防控，才能帮助中国跨国经营企业在跨国经营的高风险期内"任凭风浪起，稳坐钓鱼台"，才能帮助中国跨国经营企业在海外实现扎根生存和可持续发展，才能帮助中国企业走出去，抓住全球化的历史机遇做大做强。

　　总之，我们必须把强化跨国经营风险的研究和学习作为当前企业国际化中一个关键课题，提到议程表的首要地位加以重视和推动。为了中国企业跨国经营的未来，也为了中国国家力量和整体经济的发展，中国企业必须不断提高跨国经营的风险预警意识和风险防范能力。

后 记

为适应推动形成全面开放新格局，特别是"一带一路"建设的新要求，商务部委托中国服务外包研究中心对2009年版"跨国经营管理人才培训教材系列丛书"（共7本）进行修订增补。2018年新修订增补后的"跨国经营管理人才培训教材系列丛书"共10本，其中，《中国对外投资合作法规和政策汇编》《中外对外投资合作政策比较》《中外企业国际化战略与管理比较》《中外跨国公司融资理念与方式比较》《中外企业跨国并购与整合比较》《中外企业跨国经营风险管理比较》《中外企业跨文化管理与企业社会责任比较》是对2009年版教材的修订，《中外境外经贸合作园区建设比较》《中外基础设施国际合作模式比较》《中外企业跨国经营案例比较》是新增补的教材。2009年版原创团队对此书的贡献，是我们此次修订的基础，让我们有机会站在巨人的肩膀上担当新使命。

在本套教材编写过程中，我们得到中国驻越南大使馆经商参处、中国驻柬埔寨大使馆经商参处、中国驻白俄罗斯大使馆经商参处、中国驻匈牙利大使馆经商参处、中国国际投资促进中心（欧洲）的大力支持，上海市、广东省、深圳市等地方商务主管部门也提供了帮助。中国进出口银行、中国建筑工程总公司、中国长江三峡集团、中国交建集团、TCL集团、华为技术公司、腾讯公司、中兴通讯股份、富士康科技集团、中国人民保险集团股份有限公司、中国电力技术装备有限公司、中国建设银行、中拉合作基金、深圳市大疆创新科技公司、中白工业园区开发公司、白俄罗斯中资企业商会、北京住总集团白俄罗斯建设公司、华为（白俄罗斯）公司、中欧商贸物流园、宝思德化学公司、中国银行（匈牙利）公司、威斯卡特工业（匈牙利）公司、波鸿集团、华为匈牙利公司、海康威视（匈牙利）公司、彩讯（匈牙利）公司、上海建工集团、中启海外集团、中国中免集团、中国路桥有限公司、东南亚电信、华为柬埔寨公司、中铁六局越南高速公路项目部、农业银行越南分行、越南光伏公司、博爱医疗公司、中国越南（深圳—海防）经济贸易合作区等单位接受了我们的调研访谈。一些中外跨国经营企业的做法，被我们作为典型案例进行剖析，供读者借鉴。在此一并表示由衷的感谢！

本套教材的主创团队群英荟萃，既有我国对外投资合作研究领域的权威专家，也有一批年轻有为的学者。除署名作者外，胡锁锦、杨修敏、李岸、周新建、果凯、苏予、曹文、陈明霞、王沛、朱斌、张亮、杨森、郭智广、梁桂宁、杜奇睿、程晓青、王潜、冯鹏程、施浪、张东芳、刘小溪、袁悦、杨楚笛、吴昀珂、赵泽宇、沈梦溪、李小永、辛灵、何明明、李良雄、张航、李思静、张晨烨、曹佩华、汪莹、曹勤雯、薛晨、徐丽丽（排名不分先后）等同志也以不同方式参与了我们的编写工作。由于对外投资合作事业规模迅速扩大，市场分布广泛，企业主体众多，业务模式多样，加之我们的能力欠缺，本套教材依然无法囊括读者期待看到的所有内容，留待今后修订增补。

最后，特别感谢中国商务出版社的郭周明社长和全体参与此套教材修订增补的团队，他们在较短的时间内高质量地完成了教材的编辑修订工作，为教材顺利出版做出了极大努力。在此表示由衷的感谢！

编著者

2018 年 10 月 15 日